Henri

# POURQUOI JE NE CROIS PAS À LA FAILLITE DU CHRISTIANISME

## Du même auteur

– *Ce sexe qui n'est pas celui des anges (la vision chrétienne de la sexualité expliquée aux 17-25 ans)*, éd. Fidélité, 1999 (61, rue de Bruxelles, 5000 Namur). Réédité sous le titre : *Apprendre à vivre sa sexualité*, éd. des Béatitudes/Fidélité, 2006.

– *Que penser de ? Les erreurs de l'Église*, éd. Fidélité, 2000.

– *L'Église de Judas. Essais sur les erreurs, fautes et péchés commis au nom de l'Église au cours de son histoire*, éd. Fidélité, 2002.

– *Du Temps où j'allais à la Messe*, éd. Fidélité, 2004.

– *Guide de lecture de l'abrégé du catéchisme*, éd. Bayard, 2006.

– *Une cuillère d'eau bénite et un zeste de soufre*, en collaboration avec Baudouin Decharneux, illustration de Pierre Kroll, EME éd., 2008.

Éric de Beukelaer

# POURQUOI JE NE CROIS PAS À LA FAILLITE DU CHRISTIANISME

*Vie des hommes*

Nouvelle Cité

Composition : Camille le Doze
Couverture : Anne-Charlotte Jouve

Illustration de couverture :
p. 4, portrait de l'auteur, © Éric de Beukelaer


Domaine d'Arny — 91680 Bruyères-le-Châtel

ISBN 9782853135887

*À Angela M.G. (†)*

*… un ange passe*

*Notre monde engendre chaque jour des moyens techniques inédits, des mœurs nouvelles et des horizons insoupçonnés. L'univers mental d'un homme ordinaire n'est plus centré sur le clocher de son église ou organisée autour de la cheminée de son usine. Il est désormais fragmenté par la toile du Web.*

*Le christianisme est-il condamné à une lente fossilisation ou va-t-il trouver une fois de plus les ressources spirituelles pour rebondir ? Ce livre se veut un plaidoyer pour l'actualité du christianisme à l'aube du troisième millénaire. Ma thèse,et conviction personnelle, est que l'expérience chrétienne est une source qui n'a pas son pareil pour abreuver la soif spirituelle des hommes d'aujourd'hui. Restait à démontrer cela dans un langage accessible au commun. Y suis-je parvenu ? Au lecteur de se faire une religion.*

Éric de Beukelaer

***Avertissement***

*L'auteur est actuellement porte-parole francophone des évêques de Belgique. Il précise que ce livre est écrit à titre personnel. Son contenu n'engage donc en rien les autorités ecclésiastiques de son pays.*

# PRÉFACE À LA DEUXIÈME ÉDITION

*Le présent ouvrage fut publié il y a quatre ans chez Médiaspaul sous le titre* Lettre ouverte aux déçus du christianisme. *Le livre semble avoir trouvé son public. La première édition étant épuisée, je suis heureux que Nouvelle Cité ait accepté une nouvelle présentation sous un titre qui me paraît plus à-propos.*

*Je pense, en effet, que cet écrit continue à avoir son utilité. Comme d'autres, il est marqué par un questionnement personnel. L'ouvrage – qui est le manuscrit que j'ai le plus travaillé dans ma vie – part d'une interrogation née d'une épreuve spirituelle rencontrée il y a une petite dizaine d'années. Je crois d'ailleurs que beaucoup de prêtres passent par là. J'ose même ajouter : je le leur souhaite car on en sort fortifié. Il s'agit de l'épreuve du sens. Quand est passé le printemps d'une vocation et que le quotidien s'invite au creux de chaque geste du ministère avec sa banale répétition, surgit alors – perfide – la question : « Quel sens cela a-t-il de vivre en chrétien dans un monde qui semble fort bien se passer du message du Christ ? Est-ce que l'Évangile rend vraiment plus vivant ? Et si oui, en quoi et comment ? »*

*Le livre est né de ma volonté de répondre à pareille question pour moi et pour tous ceux que le christianisme a rendus au moins assez curieux pour prendre le temps de lire à son sujet. Par souci d'actualisation, je l'ai quelque peu retouché en vue de cette deuxième édition.*

*Merci à Henri-Louis Roche des éditions Nouvelle Cité d'offrir une seconde vie à cet ouvrage. Merci aussi à Pierre-Yves Camiade, président du Syndicat des libraires de littérature religieuse, d'en avoir été l'ardent avocat.*

*Quant au lecteur, je lui suis reconnaissant de me suivre dans ce périple et le confie à l'Esprit. Car si la plume d'un auteur peut se hisser comme une timide voile, c'est le Vent d'En haut qui guide la traversée de chacun.*

EdB

# INTRODUCTION

*Il faisait chaud ce soir-là sur Rome et le Tibre s'écoulait avec paresse. Non loin, j'assistais en séminariste zélé à une conférence intitulée « quel avenir pour le christianisme ? ». Avec brio, l'orateur se faisait l'avocat d'une Église plus adaptée aux temps nouveaux : moins de centralisme, meilleure intégration du message chrétien aux cultures locales, etc., etc. Tout cela était bien pensé et mieux encore exprimé.*

*Assistait à ce colloque un officier britannique à la retraite, que la nationalité et la carrière prédisposaient au pragmatisme. Quand les applaudissements soutenus du public se furent tus, il me regarda et avec ce petit sourire flegmatique si propre aux fils d'Albion, ajouta simplement ceci : « C'est un peu comme dans la nouvelle cuisine française. Voici un plat qui présente merveilleusement bien. Il est digeste et raffiné… mais, bon sang, où donc se cache la viande ? »*

*« Où donc se cache la viande ? » Cette question ne m'a plus quitté. À quoi cela sert-il de repenser une Église plus « démocratique », « ouverte », « adaptée aux temps nouveaux », si le christianisme*

*n'a pas une consistance suffisante pour nourrir spirituellement les hommes d'aujourd'hui ?*

## *La question de fond*

Telle est – cruelle – la question de fond : le christianisme a-t-il encore quelque chose à apporter à notre Occident, en ce début de XXIe siècle ? Notre modernité ne l'a-t-elle pas fait entrer en lente agonie, s'acheminant inexorablement vers un stade terminal ? Par charité « chrétienne », on croirait que certains condescendent à lui prodiguer d'ultimes soins palliatifs, là où d'autres – plus hardis – prônent une bonne petite euthanasie.

En deux mille ans d'histoire, ce n'est pas la première fois que la foi chrétienne eut à justifier sa raison d'être. À chaque crise, des bataillons d'intellectuels chrétiens se levèrent pour remplir cette mission. C'est encore le cas aujourd'hui, mais par les temps qui courent, le métier de théologien est devenu ingrat. Dans notre monde qui a chassé le religieux de l'espace public – ce qui n'est pas totalement une mauvaise chose[1] – afin de l'exiler vers le domaine des convictions privées, la théologie n'apparaît plus au commun des mortels comme une activité très « scientifique ». Certains la qualifient même de démarche intellectuellement perverse : « Qui êtes-vous pour mettre le Mystère en boîte avec votre dogmatique ? », scandent-ils en chœur : « Ayatollahs, non merci ! »

Et de fait, personne en ce monde – pas même l'Église – ne « détient » la Vérité. La foi est un accueil du Mystère qui

(1) Se rapporter à ce que j'ai écrit à ce sujet dans mon ouvrage intitulé *L'Église de Judas... Essai sur les erreurs, fautes et péchés commis au nom de l'Église au cours de son histoire*, Namur, éd. Fidélité, 2002, 142 p.

s'enracine au cœur d'une liberté humaine au contact avec le Sacré. Et cela, aucune puissance sur terre ne peut le programmer. Pour le croyant en une révélation, cependant, la Vérité s'est donnée à reconnaître et le théologien utilise son intelligence humaine pour démontrer que si la démarche de foi n'est pas rationnelle, elle n'en est pas moins raisonnable. Un docteur de la foi n'a pas pour mission d'entraîner l'adhésion croyante, mais bien de rendre raison de celle-ci. Rares sont les hommes qui le comprennent. Dès lors et afin de défendre le sérieux scientifique de leur démarche, la tentation est grande dans le petit monde des docteurs ès science sacrée, de se faire pardonner l'origine surnaturelle de leur discipline par un impressionnant déploiement conceptuel où toute émotion religieuse devient suspecte et tout questionnement radical comme mis sous le boisseau. « Cela est une question d'acte de foi », déclare-t-on, avant de parler de choses plus érudites.

La théologie se réduit de la sorte à une histoire critique du phénomène chrétien. Cela est loin d'être inutile, et pourtant… Un spécialiste de la christologie peut tout savoir sur le concile de Chalcédoine (451), mais cela ne lui sert pas à grand-chose s'il feint d'ignorer la question qui tourmente les croyants depuis deux mille ans : qui était ce Jésus qu'on appelle le Christ ? Et le plus grand érudit des écrits de saint Paul ne peut faire l'impasse sur la question de fond : le grand apôtre a-t-il réellement rencontré sur le chemin de Damas ce Christ ressuscité dont il n'a de cesse de témoigner, ou n'est-il qu'un génial imposteur à l'imagination fertile et l'affectivité mal calibrée ?

Évidemment, ce genre de question fait peur, même aux théologiens. Ce qui est en jeu, c'est la croyance de milliards d'hommes ainsi que deux mille ans d'érudition théologique.

Si la foi chrétienne passait à la trappe de l'histoire, les milliers de manuscrits de théologie ne seraient plus bons qu'à servir de matériel archéologique aux sociologues et philosophes de la religion. Par déni d'une si cruelle éventualité, certains penseurs chrétiens se réfugient dans un académisme qui est la caricature de toute démarche scientifique authentique. Quoi de plus stérile que de répéter de façon ennuyeuse et compliquée, ce qui sinon aurait encouru le risque d'être compris ?

L'académisme est raseur, mais tel n'est pas son péché le plus mortel. À force de se gargariser de mots et de chercher sa jouissance dans une jungle de concepts, l'académiste oublie le fond des choses : derrière les murs protecteurs de sa chère bibliothèque, il y a le monde de ses semblables qui, comme lui, transpirent sur les chemins de la vie. C'est de ce monde que notre savant est issu. À vrai dire – et quoi qu'il en pense – il n'y en a pas d'autres. Cependant, il est tellement plus rassurant de mijoter dans le jus protecteur des « chers collègues » qui s'entre-déchirent cordialement pour des queues de cerises, que de se confronter à ce réel dont la massive évidence a quelque chose d'agaçant. Ceci explique le dédain exquis dont s'enfle la voix de notre bon professeur, quand il parle d'un ouvrage « de vulgarisation destiné au grand public ».

Cette catégorie de penseurs chrétiens – heureusement minoritaire – oublie que la théologie trouve son origine dans la foi des croyants et qu'elle se met à son service. Elle naît d'un mouvement de conversion et est censée conduire à l'adoration. À l'heure où plus d'un penseur de qualité annonce que « la page du christianisme est en train de se refermer », le théologien ne peut plus se réfugier dans la pure érudition – si utile soit-elle – ou pire, dans de stériles débats de cuisine interne. À l'instar de la médecine ou du droit, la théologie est aussi – et même avant tout – une science appliquée. Auprès de plus d'un croyant désarçonné, elle est appelée à rendre raison de la démarche religieuse et de le faire dans un langage accessible au commun.

## *La parabole de* Microsoft

Comment planter le décor du christianisme à l'aube du troisième millénaire ? Pour ce faire, une parabole me vient à l'esprit. Non pas celle des bergers ou des semeurs comme aimait en raconter Jésus, mais une parabole d'aujourd'hui, tirée du monde de l'entreprise : la parabole du géant de l'informatique *Microsoft*. D'aucuns objecteront que l'Église n'est pas une entreprise et ils ont raison, mais il ne s'agit que d'une parabole[1].

Comparons donc l'Église des origines à *Microsoft*, petite boîte de pionniers qui part à la conquête du monde. À l'origine, *Microsoft* n'est qu'un projet révolutionnaire dans le monde du *software* informatique. Il provient du génie de son fondateur, encadré par quelques proches. Dotée de moyens dérisoires, la petite entreprise s'attaque sans complexes au géant IBM (*qui représente ici le système impérial romain*). Le produit qu'elle propose est nouveau et attractif : s'inspirant du système *Apple*, un *software* de qualité reconnue (*le judaïsme*), elle l'adapte et l'universalise en le rendant compatible avec presque tous les

(1) Contrairement à l'allégorie, la parabole est une fable et non une représentation codée de la réalité. Seule sa « morale » nous enseigne. Ainsi, dans sa parabole « de l'intendant malhonnête » (Luc 16, 1-8), Jésus ne fait pas l'éloge de la filouterie. De même, je ne cherche pas à présenter ici Bill Gates comme messie des temps nouveaux.

ordinateurs vendus sur le marché. C'est ainsi qu'en quatre siècles, *Microsoft* réussit à conquérir le monde.

Entre l'année de sa fondation (*la résurrection du Christ*) et l'an 380, notre entreprise partie de rien connaît – non sans mal – une progression fulgurante. La concurrence est rude (*cultes d'Isis, de Mithra, manichéisme*) et le géant *IBM* combat le nouveau venu. Certains tentent même de plagier ses méthodes (*la gnose chrétienne*). Mais rien n'y fait : de simple *start-up*, *Microsoft* se développe. Ses parts de marchés augmentent, les clients affluent et les bénéfices grimpent.

Le dynamisme de son *management* explique pour une part une réussite aussi exemplaire. Il est composé de pionniers, prêts à donner leur vie pour l'entreprise. Ils savent que pour survivre, ils sont condamnés à l'héroïsme. Parmi eux se dénombrent quelques esprits d'exception : ainsi ce cadre dirigeant du premier siècle (*saint Paul*) qui parvint à convaincre le tout premier conseil d'administration (*le Collège des apôtres*) qu'il était suicidaire de ne s'adresser qu'à une clientèle locale (*les juifs*), et qu'au contraire, une politique d'exportation tous azimuts s'imposait.

Après avoir contré ce dangereux concurrent avec une hargne croissante, *IBM* se rend à l'évidence : pour ne pas faire faillite, il doit s'allier à *Microsoft* en intégrant ses logiciels. En 313 (*édit de l'empereur Constantin reconnaissant le christianisme*), notre entreprise obtient le statut de partenaire préférentiel de l'État et en 380, tout bascule : le Petit Poucet devenu grand devient un monopole d'état. (*L'empereur Théodose fait du christianisme officiel la religion d'État.*)

Commence alors une seconde tranche de vie pour notre entreprise. Elle durera près de 1400 ans. De 380 à 1789,

*Microsoft* (*l'Église*) et la société se confondent, pour le meilleur et pour le pire. L'époque glorieuse des pionniers se clôture et fait place à celle des gestionnaires. Il s'agit d'habituer la société à n'utiliser que du *Microsoft* et à penser l'informatique à travers ses logiciels.

Cela prend du temps : pendant près de 500 ans, les campagnes éculées rechignent à utiliser des ordinateurs (*elles restent fidèles à un certain paganisme*) et certaines élites demeurent attachées aux anciens programmes informatiques (*les anciennes religions*). Cependant, grâce à son dynamisme commercial (*les missionnaires*) et l'appui des rouages de l'État dans laquelle elle a été totalement intégrée, notre entreprise affermit constamment son emprise sur la société. Ce faisant, elle apporte un réel bien-être (*l'Évangile et tous ses apports civilisateurs, tant intellectuels que caritatifs*), mais assume par la même occasion toute l'ambiguïté d'une association liée étroitement au pouvoir (*collusion, récupération, pressions, contraintes*).

Bien que très minoritaire, l'antique système informatique *Apple* (*les juifs*) survit auprès d'une petite clientèle, qui fut condamnée à partir du XII^e^ siècle à l'autarcie. En effet, toléré pour son utilité sociale dans les secteurs du commerce et des professions libérales, *Apple* sera bientôt accusé d'être responsable de tous les virus informatiques du moment.

Le VII^e^ siècle voit se dresser en Orient un redoutable *challenger* (*l'islam*). Moins élaboré que celui de *Microsoft*, son système informatique a pour lui la simplicité et la robustesse. En un siècle, il se taille d'énormes parts de marchés et devient même – entre le VIII^e^ et le XII^e^ siècles – leader mondial. *Microsoft* finira par redresser la barre en lançant une contre-offensive commerciale musclée (*Reconquista, croisades*), qui aboutit à un partage du monde en zones d'influences.

Une deuxième épreuve de taille affaiblit la multinationale. Ses divisions internes. Aux IVe et Ve siècles, certaines filiales orientales avaient déjà fait sécession de la maison mère (*Églises, dites nestoriennes et monophysites*). Au XIe siècle, ce sont les deux plus grands sièges de l'entreprise (*Rome et Constantinople*) qui divorcent avec fracas, suite à des querelles de personnes et de stratégie commerciale. Désormais, *Microsoft* existe sous la forme d'une branche occidentale (*catholiques romains*) et orientale (*orthodoxes*). Chacun évolue de son côté, l'Occident privilégiant l'organisation (*droit canon*) et l'expansion commerciale (*missions*) ; l'Orient préférant soigner le *know-how* (*la tradition*) et le *packaging* (*la liturgie*).

Au XVIe siècle, la branche occidentale de *Microsoft* connaît une nouvelle sécession. La plupart des filiales du nord de l'Europe se séparent du siège central de Rome pour retrouver la simplicité du *software* des origines (*Réforme protestante*). Ceci donne lieu à de terribles batailles commerciales. La maison mère tente de récupérer les parts de marché qui lui échappent et les rebelles veulent en finir avec le centralisme de la direction romaine. Finalement, chacun campera sur ses positions dans une Europe coupée en deux, selon un axe nord-sud.

En 1789 (*date de la Révolution française*), *Microsoft* vit un séisme aux conséquences durables. Suite à un changement brutal de régime, l'État résilie unilatéralement le monopole qui le lie à l'entreprise. Le pouvoir ne souhaite plus promouvoir un seul partenaire informatique. C'est à chaque citoyen de décider s'il souhaite être informatisé et – si oui – de choisir librement son système de *software.*

Après 1 400 années de vie commerciale sans concurrence interne, le coup est dur à encaisser. Un siècle et demi durant, la direction de *Microsoft* accusera l'État de déloyauté commerciale. Comment peut-il la priver d'un monopole qui lui revient de droit ? Certains cadres – *appelés les catholiques libéraux* – osent une voix discordante et déclarent que cette nouvelle donne constitue une chance ; qu'un peu de concurrence fera retrouver son dynamisme à une entreprise devenue cacochyme. Mal leur en ont pris. Ils seront, qui rappelés à l'ordre, qui licenciés sans préavis.

En réaction, *Microsoft* s'organise en dehors des structures étatiques. Toute une série de libres réseaux sont mis sur pied (*écoles, mouvements de jeunesse, hôpitaux, partis politiques, syndicats, mutuelles…*), afin d'assurer la vente de ses logiciels. La stratégie s'avère payante : tout en ayant perdu son statut de monopole d'État, notre multinationale garde un monopole de fait. À l'exception d'un petit nombre de récalcitrants, rejetant tout système informatique préétabli (*les libres-penseurs*) ou préférant s'affilier à des réseaux minoritaires (*autres religions* ; *marxisme*), la majorité des consommateurs continue à faire appel à *Microsoft.* En effet, avec elle, tous les services sont offerts pour encadrer le client, depuis son premier ordinateur (*baptême*), jusqu'à la fin de sa vie professionnelle (*funérailles*).

La perte du monopole d'État s'avère même avantageuse. Dégagée du coûteux parrainage de l'État, notre entreprise retrouve un dynamisme oublié. Finis la corruption de ses cadres et les pots-de-vin ; l'héroïsme des origines refait surface.

En revanche, il y a un revers à la médaille : pour éviter le parasitage de ses réseaux par la concurrence, *Microsoft* s'érige en véritable forteresse. Son réseau de distribution se veut exclusif. Soit on achète tout chez elle, soit on ne reçoit plus rien. Venue au monde sous les traits d'une entreprise novatrice au service du consommateur, notre multinationale fait désormais preuve d'un protectionnisme frileux. Elle devient l'alliée des forces les plus conservatrices de la société. Beaucoup commencent à la rejeter, non par répulsion pour ses produits, mais par refus d'une telle stratégie commerciale.

Mai 68 marque une quatrième et ultime rupture. En l'espace de quelques années, s'opère en Occident une révolution des mœurs. La clientèle traditionnelle de *Microsoft*, jusque-là docile devant son offre, se met brusquement à refuser toute logique monopolistique. Pour qu'une entreprise soit crédible, il lui faut accepter le rude défi de la concurrence parfaite.

La nouvelle mentalité cause dans un premier temps (*génération yé-yé*), le rejet allergique de l'ancienne et vénérable entreprise. Pour certains pionniers de la contestation, tout matériel informatique est bon, à condition de venir d'ailleurs. *Microsoft* souffre d'un cruel déficit d'image de marque. Son sigle semble usé, dépassé… La simple évocation de son nom, déplace un parfum de poussière. Le coup est rude pour la « vieille Dame ». Le cours de son action en bourse s'effondre et en peu d'années, des parts de marchés lui échappent par pans entiers. Nombre de ses cadres désertent ses rangs (*les départs dans le clergé*) et, déboussolée, sa direction (*les évêques*) adopte un profil bas.

Une génération plus tard, alors que les esprits sont plus sereins et que le leadership de son nouveau PDG (*Jean-Paul II*) est mondialement respecté, le bilan n'est guère plus glorieux. En Occident, le marché s'est complètement libéralisé. Le comportement des consommateurs est désormais imprévisible et versatile. Chacun choisit son réseau d'informatique au gré de ses préférences (*sa religion ou spiritualité*) et de nouveaux produits apparaissent quotidiennement sur le marché (*New Age, nouvelles religiosités*). De plus, parmi les clients demeurés fidèles, une majorité panache son choix : un fond de *Microsoft* – par habitude, sécurité ou tradition –, un zeste de concurrence pour compléter son *software* et des agents indépendants pour l'entretien (*maîtres en spiritualités libres*). Si le chiffre d'affaires de notre entreprise reste important (*une visibilité sociologique*), les profits sont en chute libre (*l'impact sur la vie des fidèles*).

Pourtant, les tentatives de restructuration n'ont jamais été aussi nombreuses. Rarement au cours de son histoire, aura-t-on autant cherché à renouveler son *consulting, trading, marketing, merchandising, lobbying, packaging*…

Rien n'y fait. À part quelques maigres résultats, les indices économiques demeurent à la baisse et le nombre de ceux qui osent la question de fond augmente : jadis novateur, le *software* de *Microsoft* aurait-il fait son temps ? Est-ce encore le bon produit, ou du moins un produit concurrentiel ? S'il se vend si mal, n'est-ce pas tout simplement parce qu'il est dépassé par une concurrence mieux adaptée aux besoins des consommateurs d'aujourd'hui ?

Ce n'est pas la première fois que d'aucuns prophétisent une banqueroute de la grande entreprise, mais cette fois-là – du moins en Occident – les indices économiques ne leur ont jamais tant donné raison.

Ici finit la parabole de *Microsoft*. Elle énervera plus d'un croyant sincère, ou le mettra du moins mal à l'aise : « L'Église n'est pas là pour vendre un produit, comme un vulgaire démarcheur de savonnettes qui cherche à augmenter son chiffre d'affaires mensuel et toucher sa commission. »

Exact. N'empêche, une telle comparaison a le mérite de poser en langage d'aujourd'hui, la seule question de fond : le christianisme offre-t-il un « bon produit » à nos contemporains et, si oui, ce produit est-il encore concurrentiel ? Tel est l'objet de mon livre. Il s'adresse tant au chrétien qu'à tout homme que la question de la foi intéresse.

## *La théologie du barreur*

L'objet de la théologie est un bien curieux hybride. La science sacrée met à contribution l'intelligence humaine pour réfléchir sur une révélation, d'origine prétendument divine. La source se veut transcendante – et donc par définition insaisissable –, mais son destinataire est immanent, puisqu'il s'agit de notre humanité. L'Évangile selon saint Jean résume cela en une formule fulgurante :

> « *Et le Verbe s'est fait chair et Il a demeuré parmi nous et nous avons contemplé Sa gloire*[1]. »

Dans une démarche d'intellectuel croyant, le théologien cherche à rendre raison de sa foi. Une religion ne se prouve pas. Il est, en revanche, possible de démontrer que l'adhésion religieuse n'est pas déraisonnable ; que le message de la foi possède une logique interne. En d'autres mots, s'il est vain d'essayer de

(1) Jean 1, 14.

prouver que Dieu a parlé en langage d'homme, il est possible de se pencher sur la grammaire que pour ce faire, le Très-Haut aurait utilisée.

En théologie, deux méthodes coexistent. La première est davantage déductive et conceptuelle. C'est la méthode théologique classique. À partir de la révélation divine, l'intellect humain travaille par abstraction pour extraire un contenu de foi, à proposer et à expliquer.

En théologie chrétienne, cet effort intellectuel aboutit jadis à ce concentré qu'est notre Credo : « Je crois en un seul Dieu. À la fois, Père créateur de toutes choses. À la fois, Fils unique, pleine révélation de Dieu par son incarnation humaine et Sauveur de l'humanité par sa passion et résurrection. À la fois, Esprit vivifiant qui donne d'entrer dans la communion divine. »

La méthode déductive offre une clarté intellectuelle. Si elle ne définit pas Dieu – car Dieu est par définition indéfinissable – du moins, tente-t-elle de circonscrire conceptuellement comment et pourquoi il se serait révélé à nous. Cependant, le discours est sec. Notre Credo est un trésor pour l'Église, mais je n'ai jamais rencontré une personne qui – en le récitant – se serait convertie.

Une théologie avant tout conceptuelle est une théologie qui décrit en spectateur l'œuvre de Dieu parmi les hommes. Loin de moi l'idée d'en nier l'utilité et même l'absolue nécessité pour le christianisme. J'ajoute simplement que pareille démarche convainc davantage l'intelligence qu'elle n'attise le désir.

Une autre méthode existe – inductive, existentielle, descriptive, concrète. Elle part de l'expérience religieuse vécue et tente de mettre celle-ci en mots, comme d'autres l'ont mise en musique, en peinture, en sculpture ou en architecture.

Une image me vient à l'esprit. La navigation en mer. À quelques trop rares occasions, il m'a été donné de tenir la barre d'un voilier par bon vent. Il était alors vain de réviser intérieurement ce que des manuels nautiques m'avaient enseigné sur l'art de naviguer. Il ne s'agissait plus de m'extraire mentalement du bateau, afin de déduire – en observateur neutre – de tous les éléments observés, la manœuvre la plus adéquate.

Non, je tenais la barre et devais – les yeux rivés sur la voilure – « sentir » ce qu'il y avait à faire. Si ma décision était la bonne, le comportement du navire s'en ressentait ; si elle était erronée, le bateau me rappelait à l'ordre.

Autour de moi et jusqu'à perte d'horizon, s'étendait la mer. Il ne m'était pas demandé d'en circonscrire mentalement les limites. Je me trouvais là, dans un bateau, au beau milieu de la grande bleue et cette situation concrète me commandait de naviguer.

Cette expérience de barreur en mer me servira de méthode théologique. Autant que faire se peut[1], je me positionnerai mentalement, non pas comme spectateur de la révélation divine, mais en acteur inséré dans une histoire du salut. Me voici, au beau milieu de mes compagnons de vie, plongé au cœur de la condition humaine. L'expérience chrétienne m'aide-t-elle à grandir spirituellement ? Telle est la question.

Cette navigation théologique me fera tirer des bords. Chaque chapitre abordera un rivage différent : celui de la démarche

(1) Par besoin de clarté, le chapitre 4 déroge en partie à cette méthode.

spirituelle (chapitre premier) ; celui de l'acte de foi (chapitre 2) ; celui de la rencontre avec le Christ (chapitre 3) ; celui de la vie en Église (chapitre 4) ; celui de l'œuvre de l'Esprit (chapitre 5) ; celui de l'impact social du christianisme (chapitre 6) ; et pour finir, celui de son avenir (chapitre 7).

Larguons donc les amarres et hissons les voiles.

1

# LE DÉSERT, CREUSET DE LA SPIRITUALITÉ

*Les ambiances et les couleurs éveillent en nous leurs échos symboliques. Certaines s'adressent à notre sensualité : un lit moelleux bordé de soie écarlate ; une vallée secrète d'où chante un ruisseau ; une plage torride caressée par le vent… D'autres encore, parlent à notre besoin d'intimité : un vieux fauteuil club paressant devant un feu qui crépite ; un jardin anglais au milieu duquel dort une mare à nénuphars ; une cuisine en bois de sapin avec des jeux d'enfants qui traînent sur le sol… D'autres enfin, parlent à notre quête d'horizon et de libre errance : pour d'aucuns ce sera une jungle noire de légendes ; pour d'autres les cimes enneigées des géants de granits ; pour moi il s'agit d'un océan qui bave sa verte écume sur l'ombre d'une voile qui claque au vent.*

*Il existe un dernier lieu caché. Ingrat, dépouillé, bref… vide. Les traditions religieuses le nomment tour à tour, « grotte », « cellule » et surtout « désert ». Non pas le désert où défilent des aventuriers en* Land Rover, *mais le désert qui dure : silencieux, inutile et inactif.*

*Nous commençons notre périple par une escale que beaucoup redoutent sur un rivage que d'aucuns n'atteignent jamais. En effet, l'homme cherche naturellement son bonheur dans la plénitude et ici, tout est manque. Pourtant, c'est là que la quête spirituelle trouve sa source.*

## *La Parole et les tentations*

Notre société n'a jamais tant offert de « pain et de jeux » pour rassasier le bon peuple et pourtant, ceci a pour unique effet de faire grimper les statistiques de dépressions et de suicides. Quand l'homme n'accueille pas la voix qui crie en son âme « pourquoi ? », quelque chose de mystérieux se rebelle en lui. Aucune vie adulte digne de ce nom n'est possible sans la reconnaissance et l'apprivoisement de ce creux au cœur de chaque *ego*. Seul celui, qui se sait seul et assume sa solitude, est lucide dans la rencontre de l'autre.

En hébreu, désert se dit *Mishbar*. En jouant sur les consonances, ce mot peut être relié à *Mit-dabar* qui signifie « de la parole ». Un ami plus compétent m'a dit que le jeu de mots n'avait aucun fondement sémantique, mais peu m'importe : celui qui entre au désert part à la rencontre de la parole, de sa parole.

Ainsi, à partir du IIIe siècle, des chercheurs de Dieu quittèrent-ils « le monde et ses vanités » pour s'enfoncer dans le désert d'Égypte. Ces « pères du désert » sont les premiers moines chrétiens. Leur démarche ne peut être réduite à une excentricité. Réservée à quelques-uns, elle parle au plus secret de chacune de nos humanités.

Au cœur de nos vies se trouve un désert, un espace de solitude radicale. Qui d'entre nous se sent durablement et intégralement compris, aimé, accueilli ? La fusion amoureuse entre deux êtres est une passion fugace. Elle passe, comme passe l'adolescence. Les plus féconds compagnonnages amoureux sont l'alliance de deux distances qu'unit une commune bienveillance. Qui veut durer en amour ou en amitié, doit apprendre à respecter le jardin secret et les silences douloureux de l'âme sœur, ce désert inaccessible qui fonde son identité et son altérité.

Il faut une vie et même davantage pour parcourir un tel chemin, car le désert est tout sauf un lieu séduisant. À vrai dire, il fait peur. Il est ce lieu aride où sont démasqués nos replis infantiles et dénoncés les cocons matriciels dont nous nous rendons dépendants.

Les Évangiles racontent qu'au désert le Christ a rencontré le tentateur… Le désert est le lieu de la tentation et du combat spirituel. Le baptême par Jean révèle à Jésus le poids écrasant de sa vocation. L'ayant accueillie, il part au désert. Là, résonne la voix parasite du diviseur :

« *Si tu es le Fils de Dieu, transforme ces pierres en pain.* » Comble les hommes de biens matériels et ils te suivront. La tentation de l'Avoir. « *Non, Satan, ce n'est pas de pain seul que vivra l'homme, mais de toute parole qui sort de la bouche de Dieu.* » « *Si tu es le Fils de Dieu, prosterne-toi devant moi et les royaumes de la terre, je te les donnerai.* » Prends le pouvoir et deviens un chef en ce monde, tu pourras changer le cours de l'histoire. La tentation du Pouvoir. « *Non, Satan, tu adoreras seul le Seigneur ton Dieu et à lui seul tu rendras un culte.* » « *Si tu es le Fils de Dieu, jette-toi du pinacle du temple et les anges de Ton Père viendront te porter.* » Fais un coup d'éclat ! Ainsi tu forceras Dieu à te reconnaître et les hommes à t'écouter. La tentation du Valoir. « *Arrière, Satan, tu ne mettras pas à l'épreuve le Seigneur ton Dieu*[1]. »

Le désert est lieu de tentation et donc de combat spirituel, car la duperie qui gouverne notre condition humaine y est démasquée. Sans ce recul, où le sujet apprivoise l'intimité avec lui-même, l'homme reste prisonnier de sa condition mondaine. « Le monde » est ce lieu où l'homme survit et s'adapte en trichant avec sa vérité profonde.

Ce que les chrétiens appellent le « péché originel » invite à regarder l'homme de l'intérieur pour constater qu'il y a quelque chose de trouble au cœur de toute liberté. Lequel d'entre nous peut se vanter d'avoir, ne fût-ce qu'une seule fois dans sa vie, fait une action « chimiquement pure » de tout intérêt, de tout repli sur soi, de toute crainte égoïste ?

L'homme est un être spirituellement ambigu. Son action la plus blanche est toujours teintée d'un peu de noirceur et son dessin le plus noir comporte immanquablement une parcelle de lumière. Tout désir de vivre – si ardent soit-il – est parasité du poison de la mort. La psychologie parle de la tension entre *eros* et *thanatos*.

Le péché à l'origine de notre être, n'est pas tant cette ambiguïté psychologique qui nous constitue, que notre besoin de nous jouer d'elle en la niant et donc en trichant avec notre incarnation. Ceci nous entraîne dans un cercle vicieux – au sens propre du terme – qui nous ballote entre dégoût de soi ; transgression hypocrite de ses idéaux emportés par le flot du

(1) D'après Matthieu 4, 1-10 et Luc 4, 1-12.

désir ou étouffement de ce désir sous une chape d'idéal ; besoin de se justifier ; peur du regard de l'autre ; crainte de naître à soi-même et de vivre sa mort. Voilà la vie de l'homme « mondain », qui est un homme multiple et divisé.

Ce n'est pas sans raison que Jésus appelait le diable « *prince de ce monde* »[1] ou encore « *père du mensonge* »[2]. Volontairement, j'écris ici le nom « diable » avec une minuscule. La majuscule convient à une personne – à un visage – qui est un principe d'unité en relation. Le diable est l'impersonnel et l'anonyme par excellence. Il est un champignon, un parasite qui se nourrit du visage des hommes en les dévitalisant. Son pronom favori est le « on ».

Le diable est un maître-chanteur et un maître-danseur. Il mène la ronde au rythme de nos égarements. *Diabolos* signifie en Grec : « diviseur ». Et de fait, l'esprit parasite nous divise jusqu'au creux de notre être ; ceci afin de mieux nous récupérer à chaque extrémité.

Côté animal, il y a « satan » qui nous consume de sa torche, couleur sang : débauche, colère, transgression, désir de vaincre et de réduire à néant… Ce diable-là, nous le connaissons bien ; il travaille à visage découvert et au premier degré de notre être : qui de nous n'a pas ses rêves maudits qu'il réalise même parfois plus ou moins secrètement ? Cupidité, gourmandise, séduction en tout genre, autoritarisme… et puis, le tison du sexe qui nous consume de l'intérieur.

Par peur du feu de satan, beaucoup se réfugient dans la chambre haute de leur être – celle de la conscience et de la

(1) Jean 8, 44.

(2) Genèse 12, 1.

volonté – là où ils pensent poser pied sur la terre ferme. Ils rationalisent tout et s'aspergent de vertus. Mais cela ne les sauve pas, au contraire. Côté esprit, le diviseur nous étreint sous la forme de « lucifer », l'ange de lumière qui sourit de son regard de glace : soucis de plaire, besoin de convaincre, de briller, de tout contrôler et de dominer.

Si satan sévit gaiement sous les traits de Bacchus, Mars ou Éros dans les bouges des faubourgs malfamés et sur les champs de bataille, lucifer réside bourgeoisement dans les quartiers les mieux fréquentés, là où les églises se dressent fièrement au milieu des villages.

Combien de dévots englués d'une piété collante, d'ecclésiastiques aussi fervents que fanatisés, de libre-penseur aussi peu libres que penseurs… combien de satisfaits, de doctes, de bonnes consciences, de donneurs de leçons, de splendides cyniques, de superbes désabusés, de tolérants tyranniques, d'incontournables sauveurs du genre humain, de faux rebelles et de faux candides ne l'ont pas eu pour compagnon ?

Comme il caricature à merveille et à l'infini l'Esprit du Vivant, il faut être fort pour démasquer son imposture : une poussière d'ennui qui nécrose, un besoin de séduire, une condescendance teintée de mépris pour tout ce qui lui échappe. Et par-dessus tout, l'absence de joie, de paix, de bienveillance et ce noir sarcasme qui parodie l'humour.

La tentation de lucifer est subtile. Il vise subrepticement à nous convaincre que nous sommes quelque part « différents » de nos semblables ; enfin, « pas tout à fait comme les autres » ; bref, quelque part un peu « hors du commun » quand même. Qui d'entre nous peut se prétendre pleinement immunisé à ses charmes ?

Si ma jeune vie m'a offert une certitude, c'est bien celle-ci : les gens « hors du commun » ou « extraordinaires », cela n'existe pas. Ceux qui sont fabriqués d'une glaise plus noble que le voisin, je n'en ai jamais rencontrés. Tous, nous drainons nos failles et secrètes blessures. Gandhi était un homme « ordinaire », et Bouddha, et mère Teresa et François d'Assise et même Jésus dans son humanité.

Je pense que le Fils de l'homme était le moins « extraordinaire », le plus ordinaire de tous les hommes, car le plus incarné et le moins dupe de son humanité. Je crois en un Christ qui n'a aucunement triché avec la condition humaine.

## *Avoir, Pouvoir, Valoir*

Celui qui – tel Jésus – ose le chemin du désert, quitte le cocon protecteur du bla-bla mondain. Quand les derniers bruits de la ville se sont tus, apparaît notre vie dans sa crue nudité. Qu'est-ce qui me fait courir en ce monde ? À quoi ai-je *vraiment* consacré mon énergie ?

Au désert, le miroir aux alouettes se brise et apparaît la tentation à visage découvert. Les trois tentations du Christ résument toutes les tentations de l'homme : avoir, pouvoir, valoir.

Ai-je cherché à combler mon désert intérieur par l'*Avoir* ? « Je suis ce que je possède. » Toute une société de consommation m'y invite. Est bien, ce qui m'est utile, profitable, agréable…

Les richesses matérielles font de moi quelqu'un. Les relations sociales m'apportent quelque chose. Quand tout cela ne me suffit plus et que survient le *blues*, une dose de religion vient anesthésier mon mal-être.

Celui qui vend son âme au marché de l'Avoir, en vient à perdre son intégrité. Insidieusement, les choses censées le combler, feront de lui leur chose. Sacrifiée à la logique commerciale, une vie devient une valeur marchande qui se dévalue avec l'âge et la santé.

Ai-je voulu remplir ce vide existentiel par le *Pouvoir* ? « Je suis dans la mesure où je domine. » N'est-ce pas là la loi de l'évolution ? Un *struggle for life* qui fait de moi quelqu'un, selon ma position sur l'échelle sociale.

Les biens matériels sont les insignes de mon pouvoir. Les hommes que j'asservis ou que je sers, en sont les pions. Et Dieu devient le garant ultime du système. Il est ce « Tout-puissant », qu'il s'agit de servir par peur du châtiment. À moins que – grisé par la réussite – je ne me sois débarrassé de cet encombrant rival et ai pris possession de son trône.

Celui, qui asservit son âme au royaume du Pouvoir, renonce à sa liberté. Insidieusement, le pouvoir qu'il sert fera de lui son esclave. Enfermée dans la dialectique du maître et de l'esclave, une vie se voit petit à petit réduite à la plus totale impuissance. En effet, la moindre révolte de l'âme, peut coûter ce précieux grade sur l'échelle qui mène vers les cimes du néant.

Ai-je voulu fuir ma solitude par le *Valoir* ? « Je suis dans la mesure où je me fais aimer. » N'est-ce pas là le désir le plus profond de tout homme ? Être reconnu, apprécié, accueilli.

Les biens matériels sont là pour me donner le *look* voulu. Les hommes deviennent le public de ma vie ou l'objet des projections auxquelles je m'identifie. Et dieu est l'ultime miroir de mon narcissisme : ce frère jumeau qui me rassure, car il me glisse sempiternellement à l'oreille que « je suis un type bien ».

Celui qui travestit son âme au royaume du Valoir, en vient à trahir sa dignité. Insidieusement, la séduction finit par transformer le manipulateur en manipulé. À force de « faire le trottoir » en cette vie, l'âme finit par oublier que l'amour ne se marchande pas.

*Avoir. Pouvoir. Valoir.* Les trois idoles auxquels tous nous succombons. En chacun de nous besogne un anonyme embourgeoisé qui consomme tristement sa vie, un insecte cynique écrasant tout ce qui gêne son passage et un clown parodique qui joue à ce qu'il pense vouloir être.

Au désert, l'humain commence à renaître dans les douleurs d'un enfantement. L'homme n'est plus dupe. Le masque craque de partout et derrière, il y a un enfant qui pleure.

Alors, mais alors seulement, la voix de Celui qui est, qui était et qui vient, se fait entendre. C'est la voix qui dit à Abraham : « *Va, quitte ton pays, ta parenté et la maison de ton père, pour le pays que je t'indiquerai*[1]. »

Il existe un autre pays que celui de notre condition mondaine, vaine, creuse et anonyme. Bienheureux celui qui ose le chemin du désert. Il entrera dans le Royaume austère de l'authentique spiritualité. Il se découvrira sujet.

### *L'homme renouvelé*

Le chemin du désert est celui d'une spiritualité authentique. Il n'est pas réservé aux chrétiens et beaucoup de chrétiens – même fervents – en ignorent les sentiers.

(1) Genèse 12, 1.

Ce chemin ne rend pas l'homme « meilleur ». Il n'a rien à voir avec une école dont les premiers de classe seraient des athlètes de l'ascétisme, possédant une densité lumineuse hors du commun. Je le répète, les gens « extraordinaires » n'existent pas… Seuls les saints existent. Cela est tout différent.

La sainteté n'a rien à voir avec notre fantasme infantile de toute-puissance, ni avec la projection narcissique que chacun de nous se fait de sa propre perfection. « *Ce qui est né de la chair est chair, ce qui est né de l'Esprit est esprit*[1]. » La sainteté est dans la relation en vérité ; quand l'Esprit arrive à vaincre nos couches faussement protectrices et rejoint l'humain qui gémit au fond de nous-mêmes. Ainsi le vent, quand il trouve la voile.

> « *Le vent souffle où il veut et tu entends sa voix, mais tu ne sais pas d'où il vient ni où il va. Ainsi en est-il de quiconque est né de l'Esprit*[2]. »

La sainteté se reçoit et ne se garde pas. L'homme ne devient pas saint par pure discipline. Il découvre en lui le goût de la Vie et laisse mûrir son désir de naître à elle.

> « *Donne-moi quelqu'un qui aime et il réalise ce que je dis. Donne-moi quelqu'un qui désire, quelqu'un qui a faim, quelqu'un qui chemine en ce désert où nous sommes, et qui a soif et qui soupire après la source de l'éternelle patrie, donne-moi cet homme-là et il sait ce que je veux dire. Mais si je m'adresse à un cœur froid, il n'entend rien à mes paroles*[3]. »

---

(1) Jean 3, 6.

(2) Jean 3, 8.

(3) Augustin, Entretiens sur l'Évangile de saint Jean, 42 b 4.

Les authentiques maîtres de vie spirituelle, que j'ai eu la chance de rencontrer, étaient tous des êtres d'un rare bon sens et d'une simplicité décapante. À mes questions parfois torturées, ils répondaient avec la bonhomie de l'enfant. Je n'avais pas devant moi le détenteur de quelque secret initiatique, à distiller avec précaution au novice que j'étais. Leur long et patient chemin de désert les avait ramenés de la complexité des apparences à la simplicité du réel.

Si le chemin de la vie spirituelle est exigeant, il est tout sauf compliqué. La vérité profonde est toute simple. C'est notre vie mondaine qui complique tout.

> « *Les disciples s'approchèrent de Jésus et dirent : "Qui donc est le plus grand dans le Royaume des Cieux ?" Il appela un petit enfant, le plaça au milieu d'eux et dit : "En vérité, je vous le dis, si vous ne retournez à l'état des enfants, vous n'entrerez pas dans le Royaume des Cieux"*[1]. »

Au désert souffle une brise légère. Elle rafraîchit et peut parfois soulager les blessures psychologiques, mais jamais ne transforme la constitution d'un homme. Devenir cet « *homme nouveau* »[2] dont parle saint Paul, ne se fait pas en fuyant notre vulnérabilité.

> « *Il m'a été mis une écharde en la chair* [...] *À ce sujet, par trois fois, par trois fois j'ai prié le Seigneur pour qu'il s'éloigne de moi. Mais il m'a déclaré : "Ma grâce te suffit : car la puissance se déploie dans la faiblesse"*[3]. »

---

(1) Matthieu 18, 1-2.

(2) Par exemple : Éphésiens 4, 24 ou première lettre aux Corinthiens 2, 14-15.

(3) Deuxième lettre de saint Paul aux Corinthiens 12, 7-8.

Loin de fabriquer des surhommes, la vie au désert est une école qui régénère spirituellement, en nous apprenant le métier d'humanité.

Au désert souffle le vent de l'Esprit, qui patiemment nous convertit à la Vérité. Je suis un mortel, né au hasard de l'étreinte de mes géniteurs. De mon histoire ne resteront que poussières et vagues souvenirs de mes petits-enfants.

> « *Vanité des vanités, tout est vanité. Quel profit trouve l'homme à toute la peine qu'il prend sous le soleil*[1] ? »

Et pourtant, le puceron que je suis, est capable de porter l'univers dans son cœur et ses pensées. Il est celui qui pose la question qui défie toute fatalité : la question du sens. Au milieu de galaxies, vieilles de millions d'années lumières, cet amas de cellules, ce primate à l'encéphalisation surdéveloppée, pose la question qui dérange tout, la question du « pourquoi ? ». Pourquoi la vie ? Pourquoi la mort ? Pourquoi le mal ? Pourquoi le bien ? Au désert, une voix crie : pourquoi ?

Cette voix, notre monde est passé maître dans l'art de la museler. « Ne te casse donc pas la tête avec des questions idiotes… Profite de la vie. On ne vit qu'une fois. » Toute la machinerie publicitaire de notre société de consommation est là pour nous distraire de cette voix. Une bonne bouteille, un film comique, un beau voyage, une nouvelle robe… Toutes choses bonnes, mais qui à un moment donné peuvent servir de bâillons à cette question qui travaille nos viscères : Pourquoi ?

---

(1) Ecclésiaste 1, 2-3.

Puisque personne ne lui offre de réponse, autant partir ailleurs. De la drogue aux médicaments, en passant par l'alcool, il y a d'excellents produits pour s'envoler. Et si les narco-voyages ne suffisent pas, autant tirer sa révérence. Une balle logée dans la tempe pour ne plus entendre tous ces « pourquoi ».

Quand la rébellion échoue, ce cri de l'âme finit par entrer en sommeil comateux. Alors, l'étincelle qui brille au fond des yeux s'éteint. L'homme devient « l'embourgeoisé », ce parfait produit d'une culture de consommation. Écrasant avec une souriante insensibilité toute velléité de « pourquoi ? », cet homme fonctionne sans états d'âmes, amputé de son poids d'humanité.

Très curieusement, un des chemins qui sauve l'homme de cette impasse est le chemin de la croix. La souffrance n'a aucun sens en soi. Il n'y a pas à la rechercher, mais il s'agit de la combattre. Pourtant, elle est là, présente et massive. L'expérience enseigne que sa morsure – si cruelle soit-elle – peut faire grandir en intensité spirituelle celui qui l'accueille.

Les êtres à qui la vie sourit et qui la passent « sans trop d'histoires », sont souvent des personnes qui en restent aux préoccupations mondaines : « tant que la santé va, tout va ! ». En revanche, ceux que la vie a blessés, et qui osent regarder leur souffrance en face, sont porteurs d'une richesse spirituelle. Ce sont des navigateurs de la vie. Ils ne se contentent pas de longer les côtes, afin de garder en toutes circonstances une vision rassurante de la terre ferme. Non, ils « *avancent en eaux profondes* »[1] au risque de la tempête, voire même du naufrage. C'est plus fort qu'eux. L'horizon les appelle.

(1) Luc 5, 4.

Un homme blessé est un homme qui saigne. Paradoxalement, cette faille peut devenir en lui le lieu d'où coule l'eau de la vraie vie, telle une source dans le désert.

> « *Si quelqu'un a soif qu'il vienne à moi et qu'il boive* [...], *de son sein couleront des fleuves d'eau vive*[1]. »

(1) Jean 7, 37.

## 2

# LA FOI, PORTÉE PAR LES AILES DE L'IMAGINATION

*Notre deuxième rivage est celui de l'acte de foi.*

*Du désert, l'homme en quête de spiritualité revient croyant, athée ou agnostique. Qu'importe d'ailleurs, tant que la question du sens de son existence n'est pas éludée, mais affrontée avec lucidité et courage.*

*Tel est, en effet, le tribut à payer à notre humanité. Celui qui choisit de vivre lucide comprend qu'il n'a pas le choix : il est acculé à faire un acte de foi. Loin d'être un saut dans l'irrationnel qui sert de béquille à nos angoisses, l'acte de foi est le propre de l'homme. Il fait partie de la vie quotidienne et bien sot serait celui qui prétendrait pouvoir s'y soustraire.*

## *L'humilité de la connaissance*[1]

L'homme n'est pas omniscient. Notre capacité mentale, apparemment infinie à connaître et découvrir notre environnement, est délimitée par un univers physique en trois dimensions et une ligne du temps qui avance inexorablement et de manière irréversible. Personne ne peut être partout à la fois ; l'espace nous limite et crée des perspectives et des points de vue différents et complémentaires. Nul ne peut être éternellement présent dans le monde ; le cycle temporel des naissances et décès fait en sorte que l'humanité n'existe qu'au travers de générations qui se succèdent. Nos moyens de connaissance sont donc plus limités qu'il n'y paraît à première vue. L'homme ne possède, en effet, que trois modes d'appréhension intellectuelle du réel : la constatation, l'explication et le postulat.

### *Je connais par constatation*

« Cette table est verte. » « Ce potage est salé. » « Les voisins font du bruit. » « Ça sent le brûlé. » « Quelqu'un m'a frappé. » Mes cinq sens me font percevoir la réalité sous son aspect factuel. À travers eux, mon esprit reçoit une information de son environnement.

La constatation m'offre une connaissance de « phénomènes », c'est-à-dire de la réalité sous son apparence sensible. Cette forme d'appréhension intellectuelle du réel est subjective, car relative au sujet qui perçoit[2].

---

(1) Cette section reprend ce que j'ai écrit à ce sujet dans : *L'Église de Judas, op. cit.*, p. 65 et suiv.

(2) Par exemple, un aveugle de naissance conçoit un monde sans images ; il rêve en sons.

La faculté humaine de constater n'est guère différente de celle des animaux évolués. La seule nuance est que l'homme « sait » qu'il constate. Il est même conscient que parfois les phénomènes peuvent l'abuser quant à la réalité. L'art théâtral et surtout cinématographique joue sur cela : la mise en scène crée toute une série d'impressions qui ne correspondent pas à la réalité.

### *Je connais par explication*

Le génie humain ne se contente pas de constater – et donc de subir – son environnement. Il s'en extrait mentalement afin de l'expliquer en vue de le contrôler. L'esprit se dégage du monde des impressions et se construit une représentation objective – et non plus simplement subjective – de la réalité. Ce faisant, il se pose des questions et cherche à « comprendre » – ce qui signifie « prendre mentalement le contour » – de ce monde qui s'impose à lui et le constitue.

Dans une civilisation à dominante sacrale, l'explication est de l'ordre du mythe et de la causalité magique : « Il y a du tonnerre parce que Zeus est en colère. » « Cet homme hurle parce qu'il est possédé par un esprit mauvais. » Le chaman ou le sorcier sert à la fois d'expert possédant une certaine connaissance du fond des choses et de technicien ayant accès par la magie au contrôle de cette réalité mystérieuse.

Dans une civilisation où la raison humaine accède au sens critique, l'explication se soumet à l'épreuve de la démonstration. Une explication causale n'est recevable que si elle est vérifiable : « Il y a du tonnerre, parce que la dépression atmosphérique est brutale. » « Cet homme hurle, parce qu'il fait une crise d'épilepsie. » À partir d'une recherche sous forme d'expériences répétées, l'esprit humain élabore une théorie, c'est-à-dire une construction mentale qui rend compte des liens de causalités. L'explication quitte de la sorte le monde du religieux pour constituer le domaine de la science, qu'elle soit dite positive ou exacte (la théorie se présente sous forme de formule mathématico-logique décrivant les causalités du monde matériel : physique, biologie, chimie...), humaine (soit la théorie pointe vers une tendance statistique dans le comportement humain observé : économie théorique, sociologie, psychologie ; soit elle est le fruit d'une constante observée : histoire, archéologie, littérature...) ou appliquée (la théorie indique des modes d'action en vue d'un effet recherché : ingéniorat en tout genre, médecine, droit, politique, économie appliquée...).

Après un bicentenaire de griserie scientiste, célébrant la formidable maîtrise technique de l'environnement offerte à l'homme grâce aux sciences, le XXe siècle marque le retour à une saine l'humilité. Malgré son apparence de certitude immuable, une théorie scientifique est un savoir qui n'est que de l'ordre de l'hypothèse. Toute théorie se réfère à une réalité qui la transcende et n'est dès lors valable que jusqu'à preuve de son contraire[1]. Le système de Newton semblait religieusement immuable... puis vint Einstein.

### *Je connais par postulat*

Si l'homme ne vivait qu'en fonction de ce qu'il constate et explique, il deviendrait fou en moins de deux minutes. Il ne peut tout constater – tout vérifier avec ses sens – et n'explique qu'une infime parcelle de la réalité. Tout le reste, son esprit y

(1) Comme l'a rappelé l'épistémologue Karl Popper (1902-1994).

donne un assentiment[1] par postulat. Pendant que j'écris ces lignes à l'aide de mon clavier, je postule bien inconsciemment que ma chaise ne va pas s'écrouler sous le poids de mon noble postérieur, que le plafond ne menace pas de se fracasser sur ma petite tête, que l'ordinateur ne risque pas d'exploser par surcharge électrique, que personne ne tente de me tirer dessus par la fenêtre qui est derrière moi, que... que... que...

Tout cela, je ne puis ni le constater, ni l'expliquer (je ne connais d'ailleurs rien au fonctionnement des ordinateurs), mais comme aucun indice en sens contraire ne m'alerte, mon esprit donne un assentiment candide mais non déraisonnable à cette réalité. On ne peut vivre en passant sa vie à tout vérifier. Évidemment, si ma chaise se mettait à branler ou le plafond à trembler, si de la fumée sortait de mon écran d'ordinateur… les indices me feraient postuler autrement et ma réaction ne se ferait pas attendre.

Postuler, signifie donner son assentiment à la réalité sur la base d'indices concordants, d'habitudes apprises, de certitudes intimes, de confiance en l'autre ou dans la société… Bref, c'est vivre en misant sur un savoir raisonnable mais non vérifié, voire vérifiable. C'est connaître en faisant un saut pour parvenir à la conclusion… un saut dans la foi.

Bien que fragile, ce mode existentiel de connaissance n'en est pas moins bien réel et vital. La réalité nous dépasse, nous constitue et à tant d'égards nous domine. Le postulat est le mode d'appréhension intellectuelle du réel, propre à un esprit fini qui se reconnaît immanent à la réalité infinie et infinitésimale de

(1) Je m'inspire ici très librement de la *Grammaire de l'assentiment*, ouvrage publié par J. H. Newman en 1870.

l'univers et qui, dès lors, renonce à la *comprendre* intégralement, c'est-à-dire à la maîtriser « comme du dehors ».

Notre société technologique et son mythe de la maîtrise exhaustive des éléments tend à nous faire oublier à quel point le fond ultime des choses nous échappe. La connaissance par postulat que le commun appelle « le bon sens »[1] est là pour nous ramener à notre terreau. « Humilité » vient du latin *humus*, qui signifie « terre ». Est humble celui qui sait de quelle terre il est constitué. Notre terreau nourricier est ce réel qui nous fonde bien avant tout début de maîtrise parcellaire de notre part.

Une telle vérité est marquée au fer rouge dans notre chair de par l'*alpha* et l'*oméga* qui s'imposent à nous : personne ne choisit de naître, ni n'est dispensé de mourir. Quelles que soient les avancées de la technologie, aucun homme ne pourra jamais choisir de naître. Quels que soient les progrès de la médecine, la mort restera là comme échéance – fort reculée, peut-être – mais ultime.

## *Inévitable acte de foi*

L'inévitable recours à une connaissance par postulat rappelle que quelle que soit la nature de son génie, un individu ne maîtrise jamais qu'une micro-parcelle de la connaissance humaine globale et que – malgré toute la science accumulée par notre civilisation – le fond ultime des choses se trouve toujours encore plus loin. Sans un acte de foi en cette réalité qui nous dépasse, nous précède et nous survit, la vie est invivable.

À chaque instant, je fonde ma vie sur des milliers – voire des millions – de petits actes de foi par lesquels mon esprit donne

(1) Encore mieux exprimé en anglais par *common sense*.

son assentiment à une réalité qui échappe à sa maîtrise : acte de foi en ceux qui m'éduquent (me veulent-ils du bien ?), qui m'emploient (ne m'exploitent-ils pas ?), que je croise dans la rue (ne vont-ils pas m'agresser ?), acte de foi en ce bâtiment que j'occupe (est-il solide ?), en l'air que je respire (ne m'empoisonne-t-il pas ?), dans les valeurs que je poursuis (ont-elles un sens ?), etc. La plupart du temps, je vis ceci de manière inconsciente – implicite – me contentant de me fier à mes impressions, mon intuition, ma confiance en la vie et aux autres. En bref, le bon sens.

À chaque tournant de vie, des crises surviennent et celles-ci me poussent à une profonde – et souvent douloureuse – remise en question. (J'avais placé ma confiance en cette personne et cette confiance a été trahie. Je pensais que ma cause était juste et me rends compte que j'étais dans l'erreur.) Alors une révision de vie s'impose. Suite à celle-ci, je mise ma foi autrement et mon histoire se poursuit, moyennant les nécessaires réorientations et l'inévitable temps de deuil de mes rêves avortés.

Tous les actes de foi n'ont pas le même impact sur une vie. Si l'acte de foi amoureux est sans conteste le plus puissant et le plus violent de tous, car il engage toute notre affectivité, l'acte de foi religieux est – quant à lui – le plus fondamental. En effet, son objet touche au fondement même de l'existence.

Entendons-nous bien : l'objet premier de l'acte de foi religieux n'est ni l'existence ou non d'un Dieu créateur et transcendant (ainsi le bouddhisme, qui est une religion « sans Dieu »), ni la croyance en une forme de survie après la mort corporelle (jusque bien tard, le judaïsme antique ne croyait guère en une résurrection des morts). L'objet premier de l'acte de foi religieux est le sens de l'existence. « Ma vie a-t-elle un sens ? Un but ? Une direction ? Existe-t-il une Sagesse à découvrir et un Bien à observer, ou le fond des choses est-il pur non-sens que l'homme pallie par des contrats sociaux enrobés de mythes ? »

La réponse à cette question ultime dépasse tout constat et toute explication. Les constats restent ambigus : le constat d'un mal qui frappe aveuglément plaide pour le non-sens ultime des choses ; celui de l'attrait universel à plus de lucidité, de liberté et d'amour, pour un Sens fondateur à l'existence. Quant aux tentatives d'explications, elles se révèlent toutes insatisfaisantes : les théories expliquant l'existence ou la non-existence de Dieu sont de pures hypothèses de travail dont la démonstration est scientifiquement non concluante.

La condition humaine ne nous laisse pas le choix : tout homme se trouve face à un acte de foi religieux à faire ou à suspendre. Est athée, celui qui croit au non-sens ultime de la réalité[1] ; est croyant, celui qui croit en un Sens ultime à la réalité ; est agnostique, celui qui suspend son acte de foi.

Longtemps refoulée dans l'ivresse du tourbillon mondain, éclate au désert la question du sens, la question du « pourquoi ? ». Beaucoup l'esquivent, car personne n'en sort indemne.

Si trois siècles de modernité critique ont vu le nombre des agnostiques « théoriques » considérablement augmenter en Europe occidentale (tant de nos contemporains déclarent préférer suspendre leur acte de foi), le nombre des croyants « pratiques » est paradoxalement plus élevé que jamais. En effet,

---

(1) Vision trouvant en F. Nietzsche (1844-1900) l'un de ses plus puissants mystiques.

Auschwitz est communément considéré comme le mal absolu à rejeter et les droits de l'homme sont unanimement acceptés comme fondement de tout projet politique. Dans la visée « pratique » de nos contemporains, il y aurait donc un Mal à combattre et un Bien à rechercher ; bref, il y aurait un sens à l'existence, même en l'absence de tout fondement théorique.

Précisons enfin que la ligne de démarcation entre croyance, athéisme et agnosticisme est moins claire qu'il n'y paraît à première vue. Plus d'un athée convaincu se veut chercheur de sens et donc quelque part croyant ; tout croyant lucide est pris de nausée passagère devant le non-sens apparent ou réel de certaines souffrances et s'adonne dès lors à l'athéisme. Tant les athées que les croyants ont leurs heures de doutes et deviennent ainsi un peu agnostiques. Tout agnostique fait des actes de foi partiels et se découvre de la sorte partiellement athée ou croyant. Bref, il y a en tout croyant véritable et honnête une part d'athée qui se révèle et tout athée est croyant à sa manière. Tous deux ont leur dose d'agnosticisme – et vice versa.

À bien y réfléchir, ces trois attitudes fondamentales face à l'acte de foi religieux ont chacune leur « vertu » : la croyance engendre une grille de lecture humanisante de la réalité ; l'athéisme critique avec pertinence tout système de valeurs « clos et repus » ; l'agnosticisme ramène l'homme à l'humilité de sa condition incarnée. L'aventure de la foi n'est pas une balade le long d'un boulevard tranquille, où chacun choisit son itinéraire et sa direction sans jamais hésiter à aucun embranchement. Il s'agit plutôt d'une navigation en mer. Chacun ajuste les voiles à sa manière au gré du vent et choisit son cap d'après les courants, mais personne n'a les pieds sur la terre ferme. Tous

– croyants, athées ou agnostiques – de par notre humanité, sommes dans le même bateau.

Ni rationnel, ni irrationnel, l'acte de foi de quelque type que ce soit est « transrationnel ». Il est ce saut raisonnable – mais dépouillé de certitudes ou de preuves – par-dessus le domaine du constatable et de l'explicable.

### *L'animal religieux*

Depuis la nuit des temps, l'homme a besoin de croire. À l'origine, ceci l'a conduit à adorer des créatures vivantes, mortes ou mythiques : un arbre sacré, le soleil, un grand chef, les défunts… L'hindouisme et son panthéon de divinités nous offrent un bel exemple de religiosité primitive ayant évolué avec les siècles, pour parvenir à un stade de développement spirituel remarquable.

À partir du VIIe siècle avant notre ère, l'humanité commence à se dégager d'une religiosité magique. Elle s'affranchit de l'écorce des mythes pour chercher l'*Archè* – le Principe fondateur. Sur cette voie, l'Occident et l'Orient développèrent un génie qui leur est propre : alors qu'en Grèce, à la suite de Thalès de Milet (-625 env. à -547 env.), les philosophes poursuivent leur quête à l'aide du raisonnement, quelque part entre Inde et Népal, le Bouddha (-550 env. à -480 env.) enseigne le chemin intérieur de la méditation et en Chine, son contemporain Confucius (-551 à -479) éduque à la justice par la morale.

Coincée entre l'Orient et l'Occident, l'expérience religieuse du peuple juif est, quant à elle, originale à plus d'un égard. Se cristallisant vers 1200 avant notre ère, ce peuple de nomades sédentarisés commence à professer un Dieu transcendant. Ce Dieu, dont le saint nom est « *Je suis* », intervient dans l'histoire. Il se révèle à son peuple comme force de libération : libération tout d'abord bien profane et politique et puis graduellement plus spirituelle.

Ici, l'initiative est descendante. Le Très-Haut choisit de se faire connaître à un peuple qu'il institue garant de son projet sur l'homme. Accueillir ceci, signifie entrer en alliance.

Le siècle du Bouddha est également d'une importance capitale pour la foi juive : l'expérience de l'exil à Babylone (-587 à -538) donne aux Hébreux la possibilité de passer d'une religion politique et cultuelle à une spiritualité universelle. Plus importante que les victoires des armées, il y a la victoire sur le péché ; plus essentiel que des sacrifices d'animaux, il y a le cœur d'un l'homme qui se repent. L'Évangile de Jésus et la prédication de Mahomet au début du VIIe siècle de notre ère, universaliseront – chacun à leur manière – l'expérience religieuse d'Israël.

L'homme est un animal religieux. Son besoin de croire est grand, mais celui de mettre ses croyances en doute l'est tout autant. D'où la question lancinante qui traverse les âges : « Est-ce l'homme qui a créé Dieu ou Dieu qui a créé l'homme ? »

Dans le premier cas, Dieu n'est qu'une projection mentale engendrée par notre besoin de donner des réponses à des questions qui ne se posent pas. L'homme est un animal malade – selon les mots mêmes de Nietzsche (1844-1900) – et Dieu le fruit de son délire.

Dans la seconde hypothèse, l'inquiétude spirituelle s'explique par son origine transcendante. En chacun de nous, dort un instinct surnaturel qui nous pousse à chercher la Source de notre être. « Tu nous as faits pour Toi, Seigneur, et notre cœur est sans repos tant qu'il ne demeure en Toi », écrivait saint Augustin (354-430). Si cela est vrai, le langage religieux est analogie et non plus simple projection. Quand il parle de Dieu, l'homme se sert de catégories mentales tirées de ce monde (la bonté, l'amour...) pour dire quelque chose de Celui qui transcende tous nos concepts.

Je le répète, ce n'est pas la raison humaine qui tranchera l'antique bras de fer entre croyance et athéisme. Dans les deux camps, des bataillons de champions se sont épuisés l'humanité durant à dégager de bons – et souvent aussi de moins bons – arguments en faveur de leur thèse. Les vertigineuses découvertes de la science n'y changeront rien. Elles permettent tout au plus de démythologiser quelques croyances magiques, mais jamais ne démontreront que Dieu existe ou n'existe pas. La réponse est du domaine de la foi.

En la matière, notre brillante raison se révèle n'être qu'un mercenaire au service du maître qui l'embauche. Ce maître est notre « moi profond » – également appelé « l'âme » – le principe d'identité et de volonté à qui il faut toute une vie pour se découvrir et se réaliser. Notre raison est impuissante à lui dicter un chemin, car un autre guide existe que – pour le meilleur ou le pire – l'âme écoutera bien plus docilement que tous les arguments de la terre ou du ciel. Il s'agit de la dame de son cœur : le « désir ».

Je m'explique : en mettant entre parenthèses l'œuvre de la Grâce et en considérant donc les choses d'un point de vue strictement humain, je constate que ce qui fait la différence entre croyants et incroyants est avant tout le désir de croire ou de ne pas croire. Du point de vue psychologique, l'acte de foi religieux est surtout porté par notre imagination.

En chaque sceptique veille une petite voix aux accents désabusés, le pressant de ne pas « se laisser avoir » par les sirènes de son imagination : « Ne te laisse donc pas prendre par tous ces marchands de merveilleux. Ce qu'ils te proposent est trop beau pour être vrai. La faiblesse humaine crée des mirages ; sois lucide et dépasse la tromperie mielleuse de pareils fantasmes. » En chaque croyant, en revanche, murmure une voix candide l'invitant à s'ouvrir à l'émerveillement : « Fais donc le pas et écoute ce que ton cœur souhaite être la réalité. C'est beau et donc c'est vrai. Pourquoi ton humanité se fonderait-elle sur une duperie ? Si tu ressens au plus profond de toi un besoin de croire en un Amour fondateur, n'est-ce pas le signe que c'est là que se trouve la clef ultime de la réalité ? »

Dans l'âme humaine, ces deux voix se font entendre et s'affrontent. Il n'y a pas de croyance sans doute ; il n'y a pas d'incroyance sans hésitation. Je le répète, en la matière, notre rationalité est d'un piètre secours. Les arguments rationnels ne sont que des habillages *a posteriori* de ce que nous désirons consciemment autant qu'inconsciemment, croire ou ne pas croire. Ce qui nous meut, c'est le désir profond qui habite nos cœurs et que berce l'océan de l'imagination. Ce désir trouve son origine dans les méandres de nos histoires de vie : éducation, rencontres, caractère, etc.

## *L'animal qui aime les histoires*

La civilisation occidentale nous a appris à nous méfier de l'imagination. Avec Descartes (1596-1650), c'est la raison qui est proclamée maîtresse du logis et l'imagination, sa folle. À cet égard, les Lumières sont myopes. Les romantiques du XIXe siècle, n'auront de cesse de le clamer.

L'imagination exerce un puissant magnétisme sur nos vies. Voilà pourquoi l'homme est un animal qui aime les histoires. Depuis sa plus tendre enfance, son intériorité est tapissée de récits, contes, mythes et légendes. Notre maîtrise de la technique n'a pas tué cela, au contraire. Hollywood et Disneyland en sont la preuve.

Les histoires n'ont pas seulement pour vertu de nous divertir – ce qui n'est déjà pas si mal – mais elles dévoilent les enjeux profonds de la condition humaine, afin que nous les apprivoisions. « Il était une fois », le Bien et le Mal, le malheur, l'abandon, l'héroïsme, la trahison, la solitude, l'injustice, la chance, le doute, la réconciliation, la souffrance… et la mort. Si fantastiques soient-elles, les histoires nous touchent dans la mesure où elles nous rejoignent dans un recoin de notre humanité.

L'imagination ne se contente pas de faire surgir des mondes fictifs, elle s'invite constamment au cœur de la réalité. En effet, la vie en société ne se satisfait pas du simple langage rationnel, qui produit des signes conventionnels. Toute civilisation est truffée de références, plus ou moins conscientes, à des symboles qui parlent à l'imagination. Les grandes créations politiques en sont la plus belle illustration : ce qui fédère une nation n'est pas tant de l'ordre de la raison, mais bien de l'imaginaire collectif.

Avec un minimum de bien-être et de sécurité, le citoyen accepte d'être ballotté entre différents projets politiques – l'alternance démocratique est là pour le prouver – à condition qu'un étendard lui arrache des larmes. Quand une société se déchire au nom d'un symbole fédérateur, la guerre civile gronde, la révolution n'est pas loin.

Ces symboles sociaux qui parlent à l'imaginaire d'un peuple, peuvent prendre les formes les plus diverses. Pour les États-Unis, il s'agit d'un rêve d'enfant qui se nomme « America » ; en France, ce sera plutôt une hypostase baptisée « la République » et au Royaume-Uni, une icône de chair que l'on encense avec autant de flegme qu'une bonne dose de second degré : « *God save the Queen !* ».

Plus encore qu'en politique, l'empire de l'imagination exerce son emprise dans nos églises, mosquées et autres loges maçonniques. Les contes et légendes sont intimement liés à la question religieuse. Fondamentalement, les histoires se divisent en deux camps : celles qui sont porteuses d'un credo et celles qui en sont dénuées.

Les histoires sans croyances sont cycliques. Leur fin n'est que le début d'un autre récit. Leurs héros ne sont pas transfigurés par l'aventure, mais tout juste aguerris. En effet, ils n'ont rencontré ni Mal à combattre, ni Bien à rechercher. Ils ont simplement assumé un destin aveugle, avec ses lumières qu'on appelle « la chance » et ses ombres qui se nomment « la fatalité ». Le temps seul est victorieux, lui qui emporte tout à l'usure, même les dieux. Le philosophe Heidegger (1889-1976) était le chantre de pareille vision du monde et Camus (1913-1960) l'avait illustrée par le mythe de Sisyphe : rebelle condamné par les dieux à éternellement rouler une pierre au sommet d'une colline, d'où elle dévalerait, pour mieux recommencer. Encore et encore. Sans espérance. Uniquement parce que tel était son destin.

Quant aux histoires croyantes, elles ne sont pas cycliques mais épiques. Leur finale débouche sur un « plus-être », une rédemption, un rachat, une restauration, une transfiguration, une guérison … Même le tragique y est un prix à payer pour plus d'humanité. Les histoires croyantes pensent le temps, non comme une boucle, mais comme une droite fléchée. Il y a un commencement et il y a une fin ; un départ et une arrivée ; un état premier et une conclusion ; un Bien à poursuivre et un Mal à combattre. Et quand bien même ce dernier triompherait, le fait qu'un juste se soit offert en victime pour le démasquer est déjà en soi un triomphe. De Robin des Bois à James Bond et de Tintin à Harry Potter, les héros épiques font bien plus que simplement nous divertir. Ils nourrissent notre imagination en faisant grandir notre rêve d'humanité.

La santé mentale d'un homme se mesure à la qualité des histoires qu'il se raconte. Celui qui aime les histoires ne fuit pas le réel, mais l'apprivoise. Les récits lui révèlent les clefs symboliques de l'existence.

Quand il est bien calibré, le monde de l'imagination est celui du « plus-que-réel »[1]. Il donne de voir ce que notre œil ne décèle pas, d'entendre ce que notre oreille ne capte pas, de comprendre ce que le simple *rush* quotidien ne permet pas de décrypter. En ce début de troisième millénaire, je plaide donc pour une saine culture de l'imagination, qui nous prémunisse de l'infantilisme et du fondamentalisme. Qu'est-ce à dire ?

L'*infantilisme* est dans la confusion des genres. Quand les adultes se mettent à travestir le réel, afin de saupoudrer de merveilleux ce monde qu'ils jugent désenchanté, ils tombent dans le mielleux et le néfaste. Plutôt que de bercer nos enfants de

(1) Cette idée m'a été soufflée par Amélie Nothomb.

niaiseries, il s'agit de leur apprendre avec douceur qu'entre la réalité et les histoires, il y a une différence.

Prenons pour exemple la coutume qui consiste à raconter aux petits que le Père Noël[1] descend chaque année du ciel pour leur apporter des cadeaux. La tradition est en soi sympathique, tant qu'elle ne pousse pas des parents désireux de maintenir leurs enfants en enfance, à leur mentir le jour où ceux-ci leur demandent si tout cela est bien vrai.

Si l'enfant berné découvre par lui-même que le Père Noël « c'est des histoires », la graine d'adulte qui s'éveille en lui rangera inconsciemment tout ce qui est de l'ordre de l'imaginaire du côté des enfantillages, avec lesquels ils n'y a pas de temps à perdre. Désormais, son intelligence refusera de voir en toute histoire un pédagogue du réel. C'est ainsi qu'on fabrique des handicapés de l'imagination, ces « grandes personnes » que Saint-Exupéry plaignait par la bouche du Petit Prince.

Le *fondamentalisme*, quant à lui, se méfie du pouvoir difficilement contrôlable de l'imagination. Un poème n'a ni passeport, ni religion, ni classes sociales. Il appartient à ceux dont le cœur se laisse atteindre par la musicalité de ses mots. Ceci le rend subversif aux yeux de tous les idéologues de ce monde, qui ne rêvent la réalité qu'en noir et blanc : d'une part le parti des justes et des lucides – le leur, bien évidemment – et de l'autre celui des salauds et des aveugles.

Alors, d'accord pour une part d'imaginaire, mais mise sous tutelle : un imaginaire « bien comme il faut » qui ne risque pas de déranger les identités hésitantes, mais sert à renforcer l'esprit

(1) Ou encore saint Nicolas en Belgique et aux Pays-Bas.

militant. Il y aura une littérature chrétienne pour chrétiens ; une musique communiste pour communistes ; une architecture fasciste et une peinture anarchiste.

Ainsi, il s'est récemment trouvé des pasteurs évangélistes assez zélés pour faire brûler publiquement les livres du petit sorcier Harry Potter et certaines bonnes consciences catholiques pour les applaudir. Là où il est question de sorcellerie, la griffe de Satan ne peut être qu'à l'œuvre, le succès d'édition est là pour le prouver. Le symbolisme spirituel qui émaille les récits de J.K. Rowlings, dont le jeune héros combat pour un monde sans discrimination de races – image de l'humanité réconciliée – tue un serpent qui pétrifie – incarnation du mal – et est sauvé par les larmes d'un phénix que sa foi a fait surgir – symbole christique – ne leur viendrait même pas à l'esprit. « Au bûcher donc, cette littérature qui entraîne nos jeunes sur le sombre chemin de l'ésotérisme ! » Décidément, Voldemort n'est pas celui qu'on pense.

L'infantilisme de certaines histoires du petit Jésus peut s'avérer bien plus dangereux pour la foi des jeunes, que les aventures d'Harry Potter. Les parents chrétiens qui manipulent l'imagination religieuse de leurs enfants, en leur racontant que le petit Jésus pleure à chaque fois qu'ils sont méchants et rit quand ils se font obéissants, fabriquent les agnostiques de demain.

Ceux qui, en revanche, encouragent leur progéniture à nourrir leur imagination par une littérature authentiquement épique, préparent de jeunes cœurs à laisser un jour les semences de l'Esprit germer en eux.

### *L'épopée chrétienne*

Parmi tant d'œuvres littéraires nées de l'imagination humaine, j'en épingle une qui met en scène l'épopée chrétienne avec génie. Il s'agit de l'*heroic fantasy* rédigée en pleine seconde guerre mondiale par le professeur d'Oxford John R.R. Tolkien (1892-1973), sous le titre *Les Compagnons de l'anneau*[1]. Catholique fervent, Tolkien n'a jamais fait mystère de la visée religieuse de son roman[2].

Voici la trame du récit :

L'Anneau du pouvoir absolu a été retrouvé. Fabriqué quelques millénaires plus tôt par Sauron, maître des ténèbres, il lui assura la domination sur toute créature, jusqu'au jour où le roi Isildur réussit à le lui arracher du doigt. Mais les hommes sont faibles et le roi succomba aux charmes de l'Anneau. Au lieu de le détruire dans les gorges de la montagne de feu, il voulut le garder pour lui et périt dans une embuscade tendue par son entourage, qui convoitait un tel trésor. Lors de l'attaque, l'Anneau tomba dans les eaux profondes d'un fleuve et disparut. Il se fit oublier. Le monde en perdit la mémoire et – privé de tout pouvoir – le maître des ténèbres, lui-même, devint une légende.

Un beau jour pourtant, l'Anneau fut retrouvé par hasard et sa présence maléfique réveilla l'œil noir de Sauron. Fort heureusement, le bijou était tombé entre les mains d'une créature naturellement dépourvue d'ambition, un hobbit, sorte de demi-homme aux mœurs agraires.

---

(1) Adaptée au cinéma.

(2) Tout comme l'était celle de son ami C.S. Lewis, auteur de merveilleux livres pour enfants.

C'est ainsi que le jeune hobbit Frodo se retrouva porteur de l'anneau, escorté pour sa sécurité par l'élite des guerriers – elfes, sorciers, hommes et nains – ceux qu'on appelle « les compagnons de l'anneau ». Au sein de ce groupe, l'orage gronde en permanence, car l'Anneau attise les convoitises. La tentation est grande pour ces hommes valeureux de s'emparer de cette arme de domination, afin de vaincre Sauron une fois pour toutes.

La sagesse du sorcier Gandalf démasque un tel piège. Si une créature de lumière devenait à son tour Seigneur de l'Anneau, ce serait une calamité plus grande encore que la victoire finale de Sauron. En effet, cela signifierait que le Bien s'est laissé corrompre par l'Anneau du pouvoir. Un Seigneur de lumière serait un tyran bien plus à craindre que le maître des ténèbres, car il imposerait la vertu par la force. Avec lui, le Bien deviendrait esclave du pouvoir et sous le masque de la Vertu, c'est l'Anneau qui se soumettrait jusqu'aux forces de lumières.

Non – clame Gandalf – l'Anneau doit être détruit. De par l'humilité de sa condition naturelle et grâce à la pureté de ses intentions, seul Frodo le Hobbit peut en avoir la garde, sans être totalement dévoré par son pouvoir de séduction. Il devra se rendre aux gorges de la montagne de feu, situées au cœur même du royaume de Sauron, afin d'y détruire l'Anneau. Frodo accepte cette folie, bien conscient que la magie noire du bijou maudit est néanmoins en train de le corrompre et que, en acceptant sa mission, il marche vers le sacrifice…

Par son conte fantastique, Tolkien dévoile le cœur de l'épopée chrétienne : l'Anneau du pouvoir ne peut être que détruit. Aucun saint et pas même Dieu ne peuvent s'en emparer pour guérir notre monde du pouvoir des ténèbres. Si le Bien se mettait à combattre le Mal avec les armes de ce dernier, il se renierait. Même victorieux, il aurait tout perdu, car la victoire du Bien ne serait que le masque cachant le triomphe définitif du Mal.

Pareil fantasme habite pourtant profondément le cœur des hommes. Depuis l'aube des temps, ils se rêvent un dieu Jupiter, dont la force ferait trembler les recoins de la terre. Quand se sera achevé le temps de sa divine patience, tel Zorro, ce dieu viendrait balayer les méchants et rétablir les justes. Même le plus grand des enfants de l'homme n'a pas échappé à cette vision. « *Engeance de vipère* », clame le Baptiste, « *qui vous a suggéré d'échapper à la Colère prochaine ?* [...] *Déjà la cognée se trouve à la racine des arbres ; tout arbre donc qui ne produit pas de bon fruit va être coupé et jeté au feu*[1]. »

Cependant, le plus petit dans le Royaume des Cieux est plus grand que le Baptiste, qui appartient encore à la logique de ce monde[2]. Surgit alors l'Agneau de Dieu. « *Il ne crie pas, il n'élève pas le ton* [...] *il ne brise pas de roseau froissé et n'éteint pas la mèche qui faiblit*[3]. »

Désarçonné par tant de douceur, le Baptiste se met à douter que l'homme de Nazareth soit bien le Messie de Dieu. Il lui

(1) Matthieu 3, 7-10.

(2) Matthieu 11, 11.

(3) Isaïe 42, 2-3.

envoie donc ses messagers : « *Es-tu celui qui doit venir ou devons-nous en attendre un autre*[1] *?* » Ce à quoi Jésus répond : « *Allez rapporter à Jean ce que vous entendez et voyez : les aveugles voient et les boiteux marchent, les lépreux sont purifiés et les sourds entendent, les morts ressuscitent et la Bonne Nouvelle est annoncée aux pauvres*[2]. »

Le signe du Royaume n'est pas la vengeance des justes, mais le pardon des pécheurs : les yeux s'ouvrent, les oreilles entendent, le mort-vivant se redresse et se découvre humain. La libération qu'offre Dieu n'est pas affaire de domination, mais de puissance spirituelle. Le Tout-puissant ne peut vaincre que désarmé. Il s'adresse à des consciences libres, sans s'imposer par la peur du châtiment.

Oui, l'Anneau du pouvoir ne peut être que détruit. Un dieu, qui combattrait le Mal avec les armes du pouvoir, tomberait dans un piège diabolique. Il emporterait évidemment la victoire (qui donc peut résister à Dieu ?), mais le ferait en s'inféodant à la logique perverse de l'Adversaire. Écrase, l'esprit d'injustice et de mensonge serait définitivement vainqueur, car il aurait parasité le cœur même de Celui qui seul est Saint. Ce serait là une sorte d'anti-rédemption, œuvre d'un antéchrist.

Mais non ! Dieu est Dieu. L'épopée chrétienne révèle un Dieu qui prend le Mal à son propre piège. Le Dieu des chrétiens assume l'humble condition charnelle, car seulement ainsi peut-il détruire l'Anneau du pouvoir. Il marche les mains nues à la rencontre des Ténèbres, afin que celles-ci se saisissent de lui

---

(1) Matthieu 11, 2.

(2) Matthieu 11, 4-5.

et l'étouffent de leur noire pesanteur. Il se laisse anéantir par elles – mais non pas corrompre – et plante de la sorte l'Amour au cœur du Mal, la Lumière au cœur des Ténèbres.

Comme le proclame un hymne remontant aux premiers chrétiens :

> « *Le Christ Jésus, lui de condition divine, ne retint pas jalousement le rang qui l'égalait à Dieu. Mais il s'anéantit lui-même, prenant la condition d'esclave et devenant semblable aux hommes. S'étant comporté comme un homme, il s'humilia plus encore, obéissant jusqu'à la mort et la mort sur une croix*[1] *!* »

Par la passion du Christ, le dard du Mal est brisé. Si sa morsure continue à sévir en ce monde, jamais plus il n'aura le dernier mot. Même au cœur de la nuit la plus sombre – des mouroirs de Calcutta aux chambres à gaz d'Auschwitz – l'Amour bâtit désormais son Royaume sous les traits de chaque victime, dont Dieu s'est rendu solidaire en se laissant crucifier.

L'épopée chrétienne est dure à avaler. D'aucuns la jugent scandaleuse. « *Nous proclamons, nous, un Christ crucifié, scandale pour les Juifs et folie pour les peuples*[2]. » Certains accusent les chrétiens de prêcher un dolorisme résigné et de vouloir enlever aux victimes, jusqu'au goût de résister à leurs bourreaux.

Ils ont tort. Le christianisme n'est pas un appel à la passivité. Comme tout humain digne de ce nom, le chrétien doit œuvrer pour un monde meilleur. Cependant, la logique du Royaume

---

(1) Repris par saint Paul dans la lettre de saint Paul aux Philippiens 2, 5-8.

(2) Première lettre de saint Paul aux Corinthiens 1, 23.

rappelle que ce n'est pas cette aventure humaine qui est ultime, car même le meilleur des mondes porte en lui les germes du mal. Ainsi – sans pour autant oublier les nombreuses victimes de la crise – notre modernité occidentale connaît globalement paix, respect des droits civiques et prospérité depuis des décennies. Pourtant, nos concitoyens ne sont pas plus heureux pour la cause.

Avec Jésus-Christ, Dieu habite l'histoire humaine. Au cœur même des enfers les plus sombres, brille désormais une étincelle de pur amour. Et cela change tout.

### *L'avenir… d'une illusion ?*

L'épopée chrétienne est-elle un rêve éveillé ou correspond-elle à la réalité ? Pour beaucoup, la foi chrétienne n'est qu'un faisceau de projections par lesquelles le croyant cristallise son fantasme d'immortalité, l'angoisse du néant et le drame du mal, en un Dieu d'amour créé de toutes pièces.

D'après Freud (1856-1939), la religion serait la névrose obsessionnelle universelle de l'humanité. Telle est aussi l'opinion commune de l'intelligentsia occidentale en ce début de XXIe siècle. Un Dieu anonyme, Principe ultime et transcendant de la réalité, passe encore : « Il doit bien y avoir quelque chose à l'origine du tout. » Mais un Dieu personnel et humaniste, qui pousse l'amour pour sa créature jusqu'à naître dans une crèche et mourir sur une croix. Non cela ne fait vraiment pas sérieux !

Au début du christianisme, les philosophes d'Athènes se moquèrent de saint Paul pour la même raison[1]. Le christianisme

(1) Actes des Apôtres 17, 32.

serait donc une rêverie née du délire collectif de disciples ignares, désarçonnés par la mort brutale de leur charismatique rabbi. Si la sympathique imposture eut son utilité sociale au cours des siècles, il est temps pour l'homme occidental de se réveiller de son sommeil dogmatique et de dépouiller cette religion surannée, de son pesant corps de doctrines, qui sont autant de mythes ayant fait leur temps.

Comment répondre à pareille opinion, partagée par à peu près toutes les couches sociales de notre civilisation ? Il est exact que notre image de Dieu est aussi le fruit d'un faisceau de projections. Depuis la première étincelle d'angoisse existentielle, surgie sous le crâne velu de notre lointain ancêtre hominidé, toute démarche religieuse projette ses questions sans réponses sur le surnaturel.

L'homme est un animal viscéralement religieux, autant qu'il est un être capable de création artistique et d'humour. Ces trois démarches lui donnent de prendre mentalement recul par rapport à la matérialité des faits. À l'aide de la religion, de l'art et de l'humour, l'imagination colorie le monde, pour en extraire une logique profonde. Si le Destin est sourd aux gémissements du singe bipède, ce dernier n'est pas aveugle quant à sa condition. Par la religion, il lui assigne un projet ; par ses musiques, peintures, danses et poésies, il la met en scène ; et par son rire, il la relativise.

Très tôt déjà, l'homme a compris comme par instinct que ce qui causerait l'extinction de sa race n'était ni le froid, ni la maladie, ni les prédateurs, mais bien l'ennui. Par la conscience qu'il a de lui-même, l'homme n'est pas prisonnier de l'instant. Il s'appartient mentalement et devient de la sorte le gardien de son passé. Ceci le rend curieux de son avenir. Anesthésiez en l'homme cette curiosité, ce besoin vital d'avoir des projets, cette quête de sens… et il se laissera inconsciemment mourir. Non décidément, l'homme ne vit pas que de pain.

La démarche religieuse – qu'elle soit primitive et magique, ou élaborée et éthique – offre à l'homme ce qu'il cherche bien plus encore que du pain : elle donne un sens à sa vie. Plus que la nourriture, elle est vitale à l'humanité.

Les seuls véritables athées non-religieux, sont des êtres cyniques. Pour eux, tout n'est que non-sens. La plupart du temps, on a affaire à des athées « religieux », dont certains sont d'authentiques « saints laïcs ». Leur religion s'appellera « droits de l'homme », « survie écologique de la planète », ou encore « bonheur terrestre ». Qu'importe. Ils croient pour vivre et cela se sent.

Qu'elle soit athée ou croyante, la religion est donc vitale à l'homme. Mais ceci ne répond toujours pas à la question de fond : correspond-elle à une réalité transcendante ou n'est-elle qu'une géniale prothèse, inventée par l'esprit humain pour lui garder le goût de vivre ? Je l'ai dit au début de ce chapitre, la raison humaine n'est pas en mesure de trancher pareil dilemme. Tant pour le croyant que pour l'athée, l'acte de foi est un passage obligé.

La raison – elle – ne peut que constater notre besoin de croire. Quant à la conclusion qu'il s'agit d'en tirer, elle n'est pas univoque. L'athée dira : à l'instar du bernard-l'ermite qui ne peut survivre sans se trouver une coquille, l'homme ne pourrait affronter son angoisse existentielle sans se fabriquer ce mirage truffé de symboles, qu'on appelle « religion ». Le croyant objectera : la coquille du bernard-l'ermite n'est pas une illusion, mais répond à un réel besoin de protection. De même, la quête de sens taraude l'homme, parce que son instinct spirituel le pousse à retrouver la Transcendance qui est son origine et sa destinée.

Pas plus que la philosophie, la science ne tranchera le dilemme. En effet, la démarche scientifique est déconstructive. Cherchant à expliquer le « comment ça marche » de toute chose, le savant décrypte les atomes premiers dont l'interaction cause les phénomènes. Cependant, aucune science ne répond à la question du sens ultime de l'existence : « pourquoi en est-il ainsi ? » Le scientifique qui parviendrait à déchiffrer intégralement le patrimoine génétique de l'humain, n'aura pas pour autant répondu à la question de l'Évangile : « *mais qui donc est mon prochain ?* »[1].

Appliquées au christianisme, les sciences humaines expliquent les conditionnements historiques, sociologiques et psychologiques de toute démarche de foi. Entre la croyance patriote en un dieu vengeur des premiers Hébreux et celle plus spiritualisée du VI^e siècle avant notre ère, quelle évolution ! Entre le dieu suprême Suzerain féodal du haut Moyen Âge, l'Inconnu plein de colère du XV^e et le Champion de l'humanisme d'aujourd'hui, quel glissement ! À chaque siècle correspond son image de Dieu, répondant à des besoins culturels spécifiques. Grâce aux sciences humaines, les conditionnements religieux ont été décrits et analysés, mais le fond de la question – Dieu existe-t-il ? – n'a pas été abordé.

Pour illustrer mon propos, voici une parabole digne d'Indiana Jones. Imaginons une tribu amazonienne à qui un explorateur

(1) Luc 10, 29.

amusé apporterait un poste de télévision. Jusque-là préservés de tous contacts avec la culture occidentale, ces indigènes n'avaient jamais vu chose pareille.

Dans un premier temps, ils pensent que les images et les sons habitent la petite boîte magique et une grande terreur se saisit du village. Mais bientôt la curiosité l'emporte et après avoir tué l'explorateur, ils s'en prennent à l'objet maléfique. Le plus vaillant des guerriers de la tribu s'avance et lui fracasse la carapace. Tous découvrent alors avec stupeur qu'elle ne contient aucune image, mais des pièces muettes qu'ils jettent dans le fleuve.

Le soir venu, la tribu entonne une danse de victoire, tout en dégustant l'explorateur. Par leur bravoure, ils ont vaincu la machine à images et découvert qu'elle n'était que du vent ! Dans un coin, seul le vieux sorcier demeure pensif : mais alors, ces images d'où venaient-elles ? Ne représenteraient-elles pas à un autre monde lequel – bien que fort éloigné – n'en serait pas moins réel ?

Notre civilisation me fait penser à ces indigènes. La « boîte à symboles » qu'était la religion de nos grands-mères faisait peur avec ses menaces de damnation éternelle. Nous l'avons donc déconstruite en mettant à nu ses innombrables rouages psychologiques, sociologiques et historiques. Puis, nous avons tout jeté aux oubliettes de l'histoire. Mais la question demeure, même désossée de ses conditionnements humains : et si le message lumineux de la religion renvoyait à une réalité autrement plus réelle que les mirages dont la société de consommation gave notre quotidien ?

« *Je te bénis, Père, Seigneur du ciel et de la terre, d'avoir caché cela aux sages et aux intelligents et de l'avoir révélé aux tout-*

*petits*[1]. » L'Évangile n'invite pas à un infantilisme imbécile, mais à l'écoute candide de l'enfant intérieur qui gémit au fond de toute âme.

Les chemins de Dieu sont ardus et pourtant d'une simplicité enfantine. C'est nous qui compliquons tout. Tant d'esprits doctement casuistes s'amusent à démonter le poste de télévision, mais les images, les ont-ils déjà regardées ? Se sont-ils laissé envahir par leur puissance empreinte de miséricorde ?

L'épopée chrétienne est d'une simplicité vertigineuse. Il s'agit là, pour moi, de son meilleur motif de crédibilité. Des constructions religieuses, j'aurais pu – moi aussi – en inventer. Mais un Dieu amoureux de l'homme, qui se pétrit d'humanité et goûte le poison de la mort pour nous ouvrir un chemin de vie, cette histoire-là nourrit le meilleur de moi-même. J'ai donc fait le pari d'y croire. Sans aucune preuve, mais par fascination.

La foi ne repose sur aucune certitude et c'est heureux. Une religion évidente serait la ruine de tout itinéraire spirituel. Le chrétien croit en un Dieu qui a choisi de se révéler, sans s'imposer. Si Dieu apparaissait aux carrefours des villes et dans les cafés, les hommes seraient tous convaincus de son existence, mais n'en deviendraient pas plus croyants pour la cause. Ce qui s'impose à notre raison ne peut être l'objet d'une adhésion de l'âme.

Une évidence ne peut être aimée. On en tient compte, parfois on la respecte ou on la craint, comme on craint le gendarme. L'homme ne peut aimer que s'il garde sa liberté. Tous les amants

(1) Matthieu 11, 25.

savent cela. Il en va de même pour Dieu. Seul un Dieu en clair-obscur, est un Dieu « crédible » pour l'humain, un Dieu digne de foi.

L'homme qui perd la foi nous en apprend autant sur Dieu que celui qui est touché par la Grâce… L'incroyant est un rappel dans la chair que si Dieu existe, il est bien au-delà de toutes les idoles que notre mental se fabrique pour se rassurer. Le Dieu vrai, lui, ne rassure pas. Il éveille.

# 3

# LA FOI CHRÉTIENNE, FRUIT D'UNE RENCONTRE SPIRITUELLE

*L'acte de foi se fonde sur un postulat. Ce que l'homme croit ne se prouve ni ne se démontre. Cependant, notre intelligence ne peut donner un assentiment durable qu'à ce qui fait sens pour elle. Le reste sera rejeté par la raison critique comme absurdité.*

*Notre troisième rivage se penche donc sur le sens de la foi chrétienne. À quoi un chrétien donne-t-il sa foi ? Ou plutôt… à qui ?*

### *Une religion qui donne de rencontrer… Quelqu'un*

Il arrive fréquemment que le judaïsme, le christianisme et l'islam soient présentés comme les « trois religions du Livre ». L'expression est sympathique en ce qu'elle souligne le cousinage qui unit les trois grandes traditions monothéistes. Cependant, le terme est impropre.

Le judaïsme n'est pas vraiment une religion du Livre. Il est la réponse spirituelle d'un peuple avec lequel le Très-Haut a fait une alliance, afin de le garder fidèle au milieu du monde. Le juif observant est un veilleur qui vit de la *Torah* – la loi divine – tant écrite qu'orale.

Seul l'islam est à proprement parler une religion du Livre. En effet, le Coran serait la mise en écrit des révélations que l'ange Gabriel aurait faites à Mahomet entre l'an 612 de l'ère chrétienne et l'an 632, date de sa mort. Le Prophète n'est que le fidèle messager des paroles divines, mais tout musulman peut devenir un croyant authentique en scrutant le Livre qui dit les paroles de Vérité.

Au risque de déplaire à certaines communautés protestantes plus rigoristes, le christianisme n'est – quant à lui – pas une religion du Livre. Pour le chrétien, « la » parole de Dieu est un personnage historique : Jésus. La Bible n'offre qu'un témoignage authentique concernant l'aventure entre Dieu et les hommes. Elle est écriture sainte, mais c'est le Christ qui en est la clef et l'interprète.

La vie chrétienne ne se fonde, ni sur l'Écriture sainte, ni sur l'Église, ni sur la Tradition – qui sont toutes de l'ordre des moyens – mais, bien sûr, une Personne dont la vie est visage de

Dieu, la mort – parole de Dieu, et la résurrection – signe de Dieu. Le Christ seul est « *le Chemin, la Vérité et la Vie* »[1].

### *Jésus*

*« La » Parole de Dieu*

« *Au commencement était la Parole. Et la Parole était avec Dieu. Et la Parole était Dieu.* [...] *Et la parole s'est faite chair et a demeuré parmi nous*[2]. » Ainsi s'exprime le prologue de l'Évangile selon saint Jean. Au cœur de l'intuition chrétienne s'enracine la croyance en un Dieu qui cherche les hommes et fait sans cesse le premier pas, au point de laisser résonner l'intégralité de sa Parole dans une vie humaine, celle de Jésus.

« Qui donc est Dieu et qu'est-ce qui est essentiel dans une vie d'homme ? », se demande l'humanité. Regarde cet homme – Jésus – répondent les chrétiens et tu verras : sa vie donnée dit Dieu en visage d'homme et dit l'homme dont rêve Dieu. L'expérience chrétienne commence et s'achève avec la rencontre spirituelle d'un homme ayant vécu il y a 2000 ans et proclamé toujours actuel ; un Galiléen originaire d'un trou perdu, dont la vie aurait une valeur universelle ; un prédicateur itinérant crucifié par l'occupant, proclamé toujours vivant.

Je sais bien que pour le sceptique, tout ceci paraîtra une projection des désirs les plus fous sur un Dieu qui en devient pathétiquement anthropomorphique : « C'est un peu trop beau pour être vrai… ». Je m'en suis déjà expliqué au cours du chapitre précédant : pour le chrétien, c'est beau donc c'est vrai.

(1) Jean 14, 6.

(2) Jean 1, 1.14.

Le Dieu des chrétiens est très simple. Trop simple pour beaucoup. « *Dieu est Amour. En ceci s'est manifesté l'amour de Dieu pour nous : Dieu a envoyé son Fils unique dans le monde afin que nous vivions par lui. En ceci consiste l'amour : ce n'est pas nous qui avons aimé Dieu, mais c'est lui qui nous a aimés et qui a envoyé son Fils*[1]. » Dieu est d'une simplicité enfantine ; ce sont nous, les hommes, qui compliquons à l'envie.

Et la simplicité, la voici : pour le chrétien, le sentiment le plus noble de l'humanité – l'amour – n'est pas un leurre, mais la marque de Dieu inscrite en nos cœurs. Dieu est Amour et il s'émeut de la vie des hommes, jusqu'à vouloir la partager pleinement.

Quand Dieu se fait homme, il ne prend pas l'apparence de nos projections divines : un grand roi victorieux, un philosophe toujours zen, un génie hors normes… Non, il choisit la figure ordinaire d'un charpentier qui vit la plus grande partie de son existence, caché au milieu de la masse des anonymes.

Un jour, cet inconnu parle et agit avec assez de puissance pour bousculer et déranger, mais non pour s'imposer. À vue humaine, la vie de cet homme est un échec, car il finit comme victime de ceux qu'il dérangeait. En Jésus, Dieu choisit le camp de tous les laissés pour compte de l'histoire. Et au cœur même de la cruauté quotidienne, il plante l'étendard d'un « je t'aime ». La victoire de Dieu, c'est que même cloué sur une croix par nos peurs, son Verbe continue à conjuguer « aimer » dans tous les temps et sous tous les modes.

Par la puissance discrète de l'Esprit-Saint, chacun peut faire l'expérience de la présence salvatrice du Christ dans sa vie, que

(1) Première lettre de saint Jean 4, 8-10.

ce soit un patricien romain du IV^e siècle, un mendiant allemand du IX^e siècle, ou une petite poissonnière chinoise en ce début de XXI^e siècle. Je l'ai déjà dit : une expérience spirituelle ne se démontre, ni ne se prouve et il est donc vain de faire de grandes démonstrations à son sujet.

Ceci ne nous empêche cependant pas de nous poser des questions sur Celui que notre patricien, mendiant et poissonnière, prétendent avoir rencontré et que les Églises chrétiennes présentent comme bien plus que leur fondateur : comme la pierre d'angle de l'histoire des hommes. Qui est ce Messie des chrétiens ? Les quatre Évangiles en dressent le portrait. Ces textes, rédigés entre l'an 60 et 90 à partir de témoignages plus anciens[1], ne sont pas des biographies. Les évangiles sont des récits théologiques, destinés à partager l'expérience de foi des premiers disciples à ceux qui n'ont pas connu le Maître.

Cependant, notre époque aime l'exactitude historique : que sait-on vraiment de ce Jésus de Nazareth ? Avec une certitude absolue, fort peu de choses, si ce n'est qu'il a existé et est mort crucifié sous Pilate. Davantage si, à l'aide de la critique historique, nous recherchons le substrat historique des Évangiles, par-delà leur proclamation de la foi. Pareille méthode permet de présenter une biographie de Jésus qui, à défaut d'être scientifiquement établie, n'en demeure pas moins raisonnablement plausible.

(1) Plusieurs exégètes (spécialistes de la Bible) pensent que des Évangiles primitifs ont existé en hébreu, ainsi que des collections de *logia*, ou paroles de Jésus. La version actuelle des Évangiles attribués à Luc et Matthieu, se fonderait sur l'Évangile selon Marc, plus ancien, ainsi qu'une collection commune de *logia*. Les rédactions successives de l'Évangile selon saint Jean, quant à elles, seraient relativement indépendantes et trouveraient leur origine dans la communauté chrétienne d'Éphèse.

Le Messie des chrétiens est un juif de Galilée, ayant vécu il y a deux millénaires. La plus grande partie de sa vie s'est déroulée de façon anonyme.

La conception virginale de Jésus appartient au domaine de la foi. J'y viendrai plus tard. En revanche, il n'est pas impossible que les circonstances étranges entourant sa venue au monde aient engendré des rumeurs peu flatteuses concernant sa mère. « *Nous ne sommes pas nés de la prostitution*[1] », lui lanceront ses détracteurs.

Sa naissance à Bethléem (vers 6 avant notre ère) est considérée par plus d'un exégète comme fictive. Il s'agirait d'une construction théologique, dictée par l'intérêt de faire naître le Messie dans la cité de David, comme l'avait annoncé le prophète Michée[2]. En effet, les historiens ne retrouvent aucune trace du recensement de population dont parle Luc 2, 1, justifiant l'exode des parents de Jésus. Je n'exclus pas que ces exégètes aient raison. Ce serait bien dommage pour l'imaginaire de Noël, mais cela ne change en rien le fond des choses.

Certains spécialistes du Nouveau Testament doutent même que Jésus soit originaire de Nazareth. En effet, dans certains passages[3], son patronyme est – non pas le *Nazaréen* – mais le *Nazôréen*. D'après ces experts, il serait plutôt un *nazir*, un homme consacré par ses parents depuis l'enfance ou encore

---

(1) Jean 8, 41.

(2) Michée 5, 1 : « *Et toi, Bethléem Ephrata,* [...] *c'est de toi que naîtra celui qui doit régner sur Israël.* »

(3) Ainsi Jean 18, 15 ou encore Actes 2, 22.

– selon d'autres – un adepte d'un groupe de baptistes appelés les *nazôréens*. Tout ceci me semble un peu tiré par les cheveux. On ne réinvente pas l'origine de quelqu'un, seulement quelque 30 années après sa mort. En revanche, il n'est pas exclu que – jouant sur la consonance avec *Nazareth* – certains l'aient surnommé le *nazir*, soit parce qu'il avait de fait été consacré par ses parents, soit encore parce que son mode de vie « différent » marquait ses contemporains.

Jésus avait-il des frères de sang ou seulement des cousins ? La question est délicate dans la mesure où la tradition catholique tient que sa mère est demeurée vierge tout au long de sa vie. Les Évangiles semblent contredire cela en utilisant le terme *adelphos* (frère de sang) et non *anepsios* (cousin) pour désigner la fratrie du Messie. « *Celui-ci n'est-il pas le fils du charpentier ? Sa mère ne s'appelle-t-elle pas Marie, et ses frères Jacques et Joseph et Simon et Jude ? Et ses sœurs ne sont-elles pas toutes parmi nous*[1] *?* »

Rappelons toutefois que la rédaction grecque des Évangiles se fonde probablement sur des écrits en langue sémitique. Ni l'hébreu, ni l'araméen ne font la distinction entre « frère » et « cousin ». Ainsi la version grecque de la Bible, rédigée vers le IIIe siècle avant notre ère et appelée la *Septante*, utilise-t-elle le terme *adelphos* dans un sens vague qui désigne, tour à tour, des frères de sang, des cousins ou des neveux.

Il n'est donc pas idiot de conjecturer que, devenue veuve et n'ayant pour unique enfant que ce garçon « si différent », Marie se soit rapprochée de sa sœur (ou cousine ?), Marie femme de

(1) Matthieu 13, 55.

Clopas[1], qui était sans doute la mère d'un Jacques et d'un Joseph[2]. Ces derniers pourraient être les fameux « frères » de Jésus[3]. Se faire appeler le « frère du Seigneur » devait, en effet, être un honneur pour ces deux hommes devenus disciples dans la jeune Église. Mais que deviennent Simon et Jude ? Il pourrait s'agir d'autres enfants de la femme de Clopas qui ne sont que peu mentionnés, car ils n'ont jamais rejoint le rang des premiers chrétiens.

Ce que la tradition catholique affirme de la virginité de Marie n'est donc pas incompatible avec les récits néotestamentaires, même si une autre interprétation est légitime. Comme j'ai croisé dans ma vie des couples mariés ayant renoncé à toutes relations conjugales suite à une intense expérience spirituelle, une abstinence sexuelle entre Marie et Joseph ne me paraît en tout cas pas de l'ordre de l'impossible, si on admet que Jésus fut conçu de l'Esprit[4].

À l'époque de son succès de foule, Jésus n'a pas cherché à favoriser sa famille, chose surprenante pour un Méditerranéen.

« *Voici que sa mère et ses frères se tenaient dehors, cherchant à lui parler. À celui qui l'en informait, Jésus répondit : "Qui est ma mère et qui sont mes frères ?" Et tendant ses*

(1) Jean 19, 25.

(2) Matthieu 27, 56.

(3) Eusèbe de Césarée (env. 265-341), premier historien de l'Église, offre une autre explication : Jacques et Joseph seraient les fils d'un premier mariage de Joseph, qui – devenu veuf – aurait épousé Marie. Aucun écrit du Nouveau Testament ou de la tradition ancienne ne permet de disqualifier cette version des choses.

(4) Je traiterai de cette question plus loin.

*mains vers ses disciples, il dit : "Voici ma mère et mes frères. Car quiconque fait la volonté de mon Père qui est aux cieux, celui-là m'est un frère et une sœur et une mère"*[1]. »

Sans doute Jésus cherche-t-il à rester libre par rapport à une fratrie qui – au début de sa mission publique – a voulu l'arrêter, pensant qu'il était devenu fou[2]. Plus fondamentalement cependant, il s'agit pour lui d'enseigner par l'exemple que les liens familiaux ne peuvent prévaloir sur la logique du Royaume :

« *Qui aime son père ou sa mère plus que moi, n'est pas digne de moi. Qui aime son fils ou sa fille plus que moi n'est pas digne de moi* »[3] et encore : « *N'appelez personne votre Père sur la terre ; car vous n'en avez qu'un, le Père céleste*[4]. »

Même si Jacques – « frère du Seigneur » – devint responsable de la communauté de Jérusalem[5] jusqu'à sa décapitation en 62, il est frappant de constater que la jeune Église s'est refusée à constituer un *khalyat*[6] chrétien. Ainsi saint Luc qui met en évidence le rôle de Marie, précise-t-il toutefois que c'est sa foi qui la rend admirable et non sa maternité charnelle :

---

(1) Matthieu 12, 46.

(2) Marc 3, 21.

(3) Matthieu 10, 37.

(4) Matthieu 23, 9.

(5) Lettre de saint Paul aux Galates 1, 19.

(6) Ce terme désigne la parenté de Mahomet, qui joua un rôle important après sa mort.

« *Bienheureuse celle qui a cru en l'accomplissement de ce qui lui a été dit de la part du Seigneur*[1] *!* » et encore : « *Or, il advint* [...] *qu'une femme éleva la voix du milieu de la foule et lui dit : "Heureuses les entrailles qui t'ont porté et les seins que tu as sucés !" Mais il dit : "Heureux plutôt ceux qui écoutent la parole de Dieu et l'observent*[2] *!"* »

J'en viens à une question sulfureuse : Jésus a-t-il été marié ? À l'époque, l'usage était qu'un jeune homme prenne femme au sortir de la puberté. Jésus a-t-il connu une vie sexuelle active ? Homme à part entière, il avait une sexualité comme chacun de nous.

L'historien ne peut répondre avec certitude, mais signale que l'on ne trouve nulle trace d'un conjoint ou d'une descendance du Messie. Aurait-on pu en gommer jusqu'à la mémoire dans la jeune Église ? De plus, un passage de Matthieu semble indiquer que les adversaires de Jésus se moquaient de son célibat et son abstinence sexuelle en le traitant d'« eunuque »[3]. Il est donc légitime de penser qu'à l'instar du Baptiste, Jésus soit resté célibataire.

La question n'est pas sans importance : si Jésus ne s'est pas marié, cela signifie que depuis sa jeunesse, il se sentait « mis à part » pour une mission et que cela fut accepté par son entourage familial… d'où peut-être son surnom de *nazir*.

En revanche, il est clair que Jésus était à l'aise avec la gent féminine et que celle-ci le lui rendait bien. Si des hommes seront par la suite ses plus proches collaborateurs, ce sont souvent les

---

(1) Luc 1, 45.

(2) Luc 11, 27-28.

(3) Matthieu 19, 12.

femmes dont il s'entoura[1] ou avec qui il conversa au hasard d'une rencontre, qui oseront se tenir au pied du Maître[2].

Que fit Jésus avant d'entamer sa vie publique ? Il est impossible de répondre avec certitude, mais l'historien peut tenter une hypothèse réaliste à partir d'indices : Jésus a grandi à Nazareth où il fut élevé[3]. Joseph, son père putatif dont on ne parle plus au cours de sa vie publique, serait décédé et Jésus aurait repris l'atelier familial. Quand il revient à Nazareth, on dit en effet de lui : « *Celui-là n'est-il pas le charpentier*[4] *?* » Sa condition sociale est celle d'un maître artisan.

Le fait qu'au cours de sa vie publique, il porte un manteau[5], que les gens l'appellent *rabbi* et qu'il connaisse les Écritures, indique que Jésus a étudié la théologie juive. Ceci se fit probablement à l'école des Pharisiens de sa région, car ceux-ci dirigeaient les synagogues. Lors d'un passage à Nazareth au début de sa mission publique, ceux-ci rompront avec lui[6].

Le charpentier de Nazareth était sans doute perçu comme un homme intelligent et plein de charme, mais différent… un peu comme certains jeunes qui se destinent aujourd'hui au séminaire. À ceux qui l'invitaient à davantage s'intégrer, il a dû faire sentir que « son » Père n'était pas de ce monde[7].

---

(1) Luc 8, 2-3.

(2) Luc 7, 38 et 10, 39 ; Jean 12, 3.

(3) Luc 4, 16.

(4) Marc 6, 3.

(5) Matthieu 9, 21.

(6) Matthieu 13, 53-58.

(7) Luc 2, 49.

Au cours de sa vie publique, ses disciples étaient frappés de le voir prier longuement en solitude, chose tout à fait inhabituelle pour l'époque. On peut conjecturer que déjà, bien avant de sortir de l'ombre, Jésus se retirait régulièrement pour prier son Père céleste. Il n'est pas irréaliste de penser qu'au cours de ses jeunes années, il partit plusieurs fois pour un séjour prolongé au désert ; un peu comme nos contemporains qui font une retraite dans un monastère. Il y a sans doute côtoyé les communautés esséniennes. Il rejoindra celles-ci dans leur critique de la gestion commerciale du temple par les prêtres[1], mais se départira de leur légalisme[2] et haine de l'ennemi[3].

Sans doute est-ce ainsi qu'il a rencontré son « cousin »[4] Baptiste au bord du Jourdain et probablement s'est-il mis à son école. C'est ce que semble indiquer la phrase mise sur les lèvres des disciples de Jean, désignant Jésus comme « *celui qui était avec toi* »[5]. Ceci expliquerait pourquoi les premiers disciples du Charpentier furent recrutés dans l'entourage du Baptiste[6] et qu'au début de sa mission publique, celui-ci ne semble pas agir fort différemment de son aîné[7].

---

(1) Matthieu 21, 13.

(2) Luc 14, 5 semble contredire mot à mot les préceptes esséniens.

(3) Matthieu 5, 43.

(4) Cousin de Jésus d'après l'Évangile selon Luc. Aucune autre source ne signalant ce fait, historiquement rien n'est établi.

(5) Jean 3, 26.

(6) Jean 1, 35.

(7) Jean 3, 22-23.

Quoi qu'il en soit, une chose est acquise : Jésus fut baptisé par Jean et cet événement eut une grande influence dans son itinéraire spirituel[1]. Ce n'est d'ailleurs qu'après l'arrestation de ce dernier par Hérode que Jésus se révèle pleinement : il quitte la vallée du Jourdain et s'installe à Capharnaüm, au bord du lac de Galilée[2]. Alors seulement, débute la véritable mission publique du Nazaréen.

N'imaginons pas Jésus en « robot divin », qui a intégré notre dogmatique catholique et qui avait une claire conscience d'être la seconde personne de la Trinité, venue pour porter le poids du péché du monde. L'incarnation ne triche pas avec l'humanité : Jésus était un juif de son époque, plongé dans sa culture. Il n'apprécie d'ailleurs pas qu'on l'identifie à Dieu : « *Pourquoi m'appelles-tu bon ? Nul n'est bon que Dieu seul*[3]. » Cependant, Jésus n'est pas non plus un pantin qui se laisse mener par les événements. Le Charpentier vivait une intimité radicale avec celui qu'il appelait de façon tout à fait inhabituelle *Abba* – « papa ». Il a une claire conscience de sa mission : accomplir les promesses faites à Israël en établissant le royaume de son Père. Non pas une libération politique, comme en rêvait son entourage, mais bien spirituelle.

Il vient chasser le prince de ce monde et établir l'alliance nouvelle et éternelle dont parlaient les prophètes :

« *Je leur donnerai un seul cœur et je mettrai en eux un esprit nouveau : j'extirperai de leur chair le cœur de pierre et*

(1) Matthieu 3, 13-17.

(2) Matthieu 4, 12.

(3) Marc 10, 17-18.

*je leur donnerai un cœur de chair, afin qu'ils marchent selon mes lois* [...]. *Alors, ils seront mon peuple et moi je serai leur Dieu*[1]. »

Jésus s'identifie au Messie – l'*Oint* de Dieu – qui vient établir un Royaume de justice et de paix. Les guérisons qu'il accomplit en sont le signe avant-coureur :

« *Mais si c'est par le doigt de Dieu que je chasse les démons, alors le Royaume de Dieu est arrivé*[2]. »

Que le charpentier ait opéré maintes guérisons durant son ministère public, ne semble guère contesté. La mentalité de l'époque y voyait plutôt des exorcismes. Il s'agit là d'un don. Les témoins disent que : « *De lui sortait une force qui les guérissait tous*[3]. »

Je ne me prononce en revanche pas sur les miracles par rapport aux lois naturelles (marcher sur les eaux, multiplication de pains, changer l'eau en vin...) que beaucoup d'exégètes considèrent comme symboliques, plutôt qu'historiques. À cet égard, je pose simplement une question : n'est-ce pas notre mentalité rationaliste qui nous pousse à vouloir « démythologiser » tout ce qui semble trop peu crédible à l'homme d'aujourd'hui ?

Quoi qu'il en soit, que Jésus ait marché ou non sur l'eau, n'a pas de grandes conséquences théologiques : ce n'est pas le nombre ou le type de miracles qui fonde l'identité divine du

(1) Ézéchiel 11, 19-20.

(2) Matthieu 12, 28.

(3) Luc 6, 19.

Nazaréen. Qui nous dit que certains sorciers africains n'en font pas autant ? Pourtant, je ne suis pas prêt à croire en eux.

Quelques années durant (deux ou trois ?), Jésus prêche avec autorité et en act es la bonne nouvelle du Royaume. Sa réputation grandit et les foules le suivent.

À plusieurs reprises, les gens veulent en faire le chef d'une insurrection contre l'occupant. À chaque fois, il se dérobe.

> « *Alors Jésus, se rendant compte qu'ils allaient venir s'emparer de lui pour le faire roi, s'enfuit à nouveau dans la montagne tout seul*[1]. »

Le nombre de ses contradicteurs et ennemis augmente : certains Pharisiens que son originalité choque, les partisans d'Hérode qui voient en lui un semeur de troubles[2] et surtout la caste sacerdotale qui ne lui pardonne pas d'avoir critiqué le temple et ses revenus. À plus d'une reprise, Jésus choisit de se cacher[3].

Peu à peu, les foules commencent aussi à se lasser. Le charpentier invite à une conversion des cœurs, alors qu'elles attendent surtout une amélioration de leurs conditions de vie. Jésus le leur reproche amèrement :

> « *À quoi vais-je comparer cette génération ? Elle ressemble à des gamins qui, assis sur les places, en interpellent d'autres, en disant : Nous avons joué de la flûte et vous n'avez pas dansé ! Nous avons entonné un chant funèbre et vous ne vous êtes*

(1) Jean 6, 15.

(2) Luc 13, 32.

(3) Ainsi en Jean 7, 10 ; 8, 59 et 12, 36.

*pas frappé la poitrine*[1] *!* » Et plus loin : « *Malheur à toi, Chorazeïn ! Malheur à toi, Bethsaïde ! Car si les miracles qui ont eu lieu chez vous avaient eu lieu et Tyr et Sidon, il y a longtemps que, sous le sac et la cendre, elles se seraient repenties*[2]. »

Pas à pas, le « Fils de l'homme » prend conscience que le Royaume de son Père ne s'installera pas de son vivant. Pourtant, sa Voix intérieure lui dicte d'aller jusqu'au bout, c'est-à-dire jusqu'à Jérusalem, la ville qui « *tue les prophètes* »[3].

Il se reconnaît dans la figure énigmatique du serviteur souffrant dont parle le prophète Isaïe :

> « *Homme de douleurs, familier de la souffrance, comme quelqu'un devant qui on se voile la face, méprisé nous n'en faisions aucun cas. Or, c'est nos souffrances qu'il portait et nos douleurs dont il était chargé.* [...] *Le châtiment qui nous rend la paix est sur lui, et dans ses blessures nous trouvons la guérison*[4]. »

En même temps, il s'identifie au « Fils de l'homme » dont parle le livre de Daniel[5]. Dieu le justifiera en le faisant roi dans son royaume, lorsque les temps seront accomplis. Jésus annonce donc sa résurrection, mais sans doute l'imagine-t-il comme les juifs de son époque, c'est-à-dire collective à la fin des temps et non individuelle.

---

(1) Matthieu 11, 16-17.

(2) Matthieu 11, 21.

(3) Luc 13, 34.

(4) Isaïe 53, 3-5.

(5) Daniel 7, 13-14.

« *Je vous le dis, je ne boirai plus désormais de ce produit de la vigne, jusqu'au jour où je le boirai avec vous, nouveau, dans le Royaume de mon Père*[1]. »

Influencé par les attentes religieuses ambiantes – dites « apocalyptiques » – le Nazaréen s'attend probablement à une fin des temps rapprochée : « *Cette génération ne passera pas, avant que tout cela ne soit arrivé*[2] », mais il se refuse à toute prédiction : « *Quant à la date de ce jour, ou à l'heure, personne ne les connaît, ni les anges dans le ciel, ni le Fils, personne que le Père*[3]. »

Dès lors, le Maître essaie de préparer ses plus proches disciples à sa mort prochaine. En vain. Ceux-ci ne veulent entendre qu'une chose : il est le Messie et va donc s'imposer à Jérusalem. « *Pierre, le tirant à lui, se mit à le morigéner en disant : "Dieu t'en préserve, Seigneur ! Non, cela ne t'arrivera point !"* » La réplique de Jésus est cinglante : « *Passe derrière moi, Satan ! Tu me fais obstacle, car tes pensées ne sont pas celles de Dieu, mais celles des hommes*[4] *!* »

Le charpentier prend « *résolument le chemin de Jérusalem* »[5] à l'approche de la fête de Pâques. Il entre dans la ville sous une haie d'honneur, crée un scandale en chassant les marchands du temple[6] et y enseigne ouvertement chaque jour comme pour

(1) Marc 26, 29.

(2) Marc 13, 30 et Matthieu 24, 34.

(3) Marc 13, 32 et Matthieu 24, 36.

(4) Matthieu 16, 22-23.

(5) Luc 9, 51.

(6) Matthieu 21, 12-16.

défier les prêtres[1]. Vue sa popularité, ceux-ci n'osent pas l'affronter de face[2].

Pour des raisons difficiles à cerner, Judas – un des douze – indique à la milice du temple où ils pourront le cueillir, loin des témoins gênants. La caste sacerdotale, que son aura menace et qui ne lui pardonne pas d'avoir relativisé le temple dont « *il ne restera pas pierre sur pierre* »[3], est l'acteur premier de sa condamnation.

Au cours d'un ultime repas chez un sympathisant de Jérusalem, Jésus s'identifie symboliquement au serviteur souffrant annoncé par le prophète Isaïe, en lavant les pieds de ses disciples[4]. Puis, il leur offre le pain et la coupe en signe de sa vie livrée et de son sang versé pour que l'alliance nouvelle se réalise[5]. Il demande, enfin, que ce rite devienne la mémoire de tout cela.

Arrêté par la milice du temple, le Nazaréen interdit à ses disciples de le défendre[6]. Désemparés par la tournure des événements, ceux-ci l'abandonnent et il est bientôt livré par le grand

(1) Matthieu 26, 55.

(2) Marc 11, 18.

(3) Marc 13, 2. C'est, selon moi, à tort que certains exégètes font remonter cette phrase à la communauté chrétienne, témoin de la destruction du temple par les Romains en 70, plutôt qu'à Jésus lui-même, exécuté 40 ans plus tôt. Il est tout à fait dans le style et la logique de Jésus de l'avoir prononcée – à la manière de Jérémie et des prophètes d'autrefois.

(4) Jean 13, 1-15.

(5) Matthieu 26, 26-28.

(6) Matthieu 26, 51.

prêtre au gouverneur. À l'approche des grandes fêtes juives, celui-ci quittait Césarée et séjournait à Jérusalem. Nul ne pouvait être supplicié sans son aval.

Condamné à mort par Pilate, qui n'en était pas à une exécution près, Jésus meurt en croix avec quelques femmes disciples pour témoins. Quant à son Père, il le sent si loin…[1] D'après de savants calculs, la mort de Jésus serait advenue un vendredi 30 avril de l'an 30.

Le surlendemain matin, soit après le shabbat qui tombait au cours de la fête juive de *Pessah* (Pâque), des femmes descendent au tombeau du crucifié. Celui-ci est vide. Désemparées, elles pensent d'abord à un acte malveillant[2].

À partir de ce moment-là, se produit ce que seule la foi peut entendre. Certains disciples qui se cachent à Jérusalem, sans doute chez ce même sympathisant qui les accueillit pour la dernière cène, font l'expérience du Ressuscité. Les semaines suivantes, alors qu'ils s'en sont retournés en Galilée, cela continue. Les récits sont confus et ne se recoupent guère, un peu comme si la rencontre du Ressuscité échappait à toute description. C'est que cette expérience de résurrection d'un homme individuel est un événement totalement inattendu pour les juifs de l'époque.

Sous l'inspiration de l'Esprit, ceci sera bientôt reçu par les chrétiens comme le sceau de Dieu, qui révèle de la sorte que le charpentier de Nazareth est bien davantage qu'un prophète ou un Messie temporel : il est le « *chemin, la vérité et la vie* »[3].

---

(1) Matthieu 27, 46.

(2) Jean 20, 2.

(3) Jean 14, 6.

*Personnalité du Fils de l'homme*

Voilà pour la vie de l'homme de Nazareth. Essayons maintenant de dégager quelques traits de sa personnalité.

La première chose qui me frappe chez Jésus, est qu'il ne s'agit pas d'un sage zen retiré des choses de ce monde, mais d'un homme bien dans la vie et qui sait le cas échéant en profiter :

> « *Jean (le Baptiste) vient en effet, ne mangeant ni ne buvant, et l'on dit : "Il est possédé !". Vient le Fils de l'homme, mangeant et buvant, et l'on dit : "Voilà un glouton et un ivrogne, un ami des publicains et des pécheurs*[1] *!"* »

Le charpentier est un juif, respectueux de la religion de ses pères : « *N'allez pas croire que je sois venu abolir la loi et les prophètes…*[2]. » Il est capable d'émotion : « *Lorsqu'il la vit pleurer, et pleurer aussi les Juifs qui l'avaient accompagnée, Jésus frémit et son esprit se troubla* […] *Jésus pleura*[3]. » Il peut se mettre en colère : « *Promenant alors sur eux un regard de colère, navré de l'endurcissement de leur cœur…*[4].» Il supporte la contradiction et se laisse convaincre par une démarche de foi sincère. Ainsi le voit-on impressionné par les arguments d'une femme païenne lui demandant de guérir sa fille : « *Ô femme, grande est ta foi ! Qu'il advienne selon ton désir*[5] *!* » Il lui arrive même de perdre pied : « *Il commença à ressentir tristesse et angoisse. Alors il leur*

---

(1) Matthieu 11, 18-19.

(2) Matthieu 5, 17.

(3) Jean 11, 33-35.

(4) Marc 3, 5.

(5) Matthieu 15, 28.

*dit : "Mon âme est triste à en mourir, demeurez ici...*[1] *"* », voire de crier son désespoir : « *Jésus clama en un grand cri : "Mon Dieu, mon Dieu, pourquoi m'as-tu abandonné*[2] *?"* »

Certains remettront peut-être en cause l'utilisation que je fais de tel ou tel passage des Évangiles, mais l'important n'est pas là. Il s'agit pour moi de démontrer que celui que les chrétiens considèrent comme le Verbe de Dieu fait homme, n'était pas un personnage intemporel et immatériel, mais un être de chair et de sang. Il n'est pas un robot céleste, programmé une fois pour toutes pour être maître de toutes situations.

Non, il s'agit d'un type passablement normal, plutôt sain d'esprit, avec une bonne dose de charme, une intelligence remarquable et par-dessus tout, une personnalité bien à lui. Celui que les chrétiens croient fils de Dieu, n'en demeure pas moins aussi intégralement « fils de l'homme ».

Un second aspect de la personnalité de Jésus qui m'impressionne est sa liberté intérieure. Le judaïsme de son époque est bien différent de celui qui surgira vers l'an 70, suite à la destruction par les Romains du Temple de Jérusalem. Ce sont alors les Pharisiens qui sauveront la foi juive, en la réorganisant avec rigueur autour de leur orthodoxie[3]. À l'époque du Christ, il n'en est rien : Pharisiens, Sadducéens, Hérodiens, Zélotes, Esséniens... sont autant de confessions juives qui s'anathématisent les unes les autres.

---

(1) Matthieu 26, 38.

(2) Matthieu 27, 46.

(3) Lors du synode de Jamnia.

Jésus n'est inféodé à aucune de ces chapelles et, quand le besoin s'en fait sentir, il les remet chacune à leur place. Le rabbi de Nazareth peut clouer le bec aux Sadducéens comme aux Pharisiens :

« *Apprenant qu'il avait fermé la bouche au Sadducéens, les Pharisiens se réunirent en groupe, et l'un d'eux lui demanda pour l'embarrasser* [...][1]. »

Il s'en prend à la morgue des scribes et des prêtres :

« *Sur la chaire de Moïse se sont assis les scribes* [...] *faites donc et observez tout ce qu'ils pourront vous dire, mais ne vous réglez pas sur leurs actes : car ils disent et ne font pas*[2]. »

Il critique le rigorisme légaliste des Esséniens :

« *Quel sera d'entre vous l'homme qui aura une seule brebis et si elle tombe dans un trou, le jour du sabbat, n'ira la prendre et la relever*[3] ? »

Les fouilles du monastère essénien de Qumran ont permis la découverte de manuscrits, interdisant très précisément cela à leurs adeptes. Bref, ce rabbi étrange est pour ses contemporains un inclassable.

Si les Évangiles présentent les Pharisiens comme les plus grands opposants de Jésus, c'est qu'à l'époque de la rédaction du Nouveau Testament – c'est-à-dire globalement après la

---

(1) Matthieu 22, 34.

(2) Matthieu 23, 2-3.

(3) Matthieu 12, 11.

destruction du Temple en l'an 70 – ceux-ci étaient devenus les maîtres incontestés du judaïsme et avaient excommunié tous les juifs devenus chrétiens. En réalité, Jésus s'était sans doute mis à dos tous les clans de son époque. Tous rivaux qu'ils furent, ceux-ci s'allièrent pour éliminer le gêneur :

« *Les grands prêtres et les Pharisiens en entendant ses paroles, comprirent bien qu'il les visait. Mais, tout en cherchant à l'arrêter, ils eurent peur des foules, car elles le tenaient pour un prophète*[1]. »

« *Étant sortis, les Pharisiens tenaient aussitôt conseil avec les Hérodiens contre lui, en vue de le perdre*[2]. »

« *Les grands prêtres et les scribes cherchaient à le faire périr, les notables du peuple aussi*[3]. »

La troisième chose qui m'impressionne chez Jésus est son autorité spirituelle. Ce rabbi n'est pas un répétiteur, un commentateur, ou un raisonneur... Quand il parle, il le fait en son nom propre. Il parle en « je ». « *Vous avez entendu qu'il a été dit* [...] *Eh bien ! Moi je vous dis* [...][4]. »

Le Fils de l'homme est auteur de sa parole. Elle sort du fond de son être. Le peuple ne s'y trompe pas. Dans l'Évangile selon saint Marc, qui fut le premier à être rédigé sous une forme définitive, cela est souligné dès l'ouverture : « *Et ils étaient frappés par son enseignement, car il enseignait comme ayant*

(1) Matthieu 21, 45-46.

(2) Marc 3, 6.

(3) Luc 19, 47.

(4) Matthieu 5, 21-22.

*autorité, et non pas comme les scribes*[1]. Et un peu plus loin : *Ils se demandaient entre eux : "Qu'est cela ? Un enseignement nouveau, donné d'autorité ! Même aux esprits impurs, il commande et ils lui obéissent*[2] *!"* »

Les guérisons qu'il fait sont les signes de cette autorité :

« *Jésus* [...] *dit au paralytique : "Mon enfant, tes péchés sont remis". Or, il y avait dans l'assistance quelques scribes qui pensaient dans leurs cœurs : "Comment celui-là parle-t-il ? Il blasphème ! Qui peut remettre les péchés, sinon Dieu seul ?" Et aussitôt, percevant par son esprit qu'ils pensaient ainsi en eux-mêmes, Jésus leur dit : "Pourquoi de telles pensées dans vos cœurs ? Quel est le plus facile, de dire au paralytique : Tes péchés sont remis, ou de dire : Lève-toi, prends ton grabat et marche ? Eh bien ! Pour que vous sachiez que le Fils de l'homme a le pouvoir de remettre les péchés sur la terre, je te l'ordonne, dit-il au paralytique, lève-toi, prends ton grabat et va-t'en chez toi"*[3]. »

En revanche, Jésus a horreur du sensationnalisme. Il n'a pas envie d'épater la galerie à la manière d'un magicien. C'est ce désir de discrétion qui explique qu'à plus d'une reprise, il demande à celui qu'il a guéri de n'en rien dire à personne. Et quand au sommet de sa popularité, le peuple veut le couronner roi, il s'enfuit seul dans la montagne[4].

---

(1) Marc 1, 22.

(2) Marc 1, 27.

(3) Marc 2, 5-11.

(4) Jean 6, 15.

Au nom de son autorité spirituelle, il remet toute loi à sa place, fut-elle précepte du sabbat : « *Et si vous aviez compris ce que signifie "c'est la miséricorde que je veux et non le sacrifice", vous n'auriez pas condamné des gens qui sont sans faute. Car le Fils de l'homme est maître du sabbat*[1]. » Ou encore : « *Le sabbat a été fait pour l'homme et non l'homme pour le sabbat*[2]. »

De même, il ne fréquente pas les personnes au gré de leur respectabilité sociale. Pour dire la parole de son Père, il rencontrera le sage comme le traître, la bigote comme la prostituée.

> « *Les scribes des Pharisiens, le voyant manger avec les pécheurs et les publicains, disaient à ses disciples : "Quoi ? Il mange avec les publicains et les pécheurs ?" Jésus, qui avait entendu, leur dit : "Ce ne sont pas les gens bien portants qui ont besoin de médecin, mais les malades. Je ne suis pas venu appeler les justes, mais les pécheurs"*[3]. »

La quatrième chose qui me frappe chez Jésus, c'est son besoin de se retirer pour longuement prier. Cette prière solitaire est un fait assez exceptionnel à son époque et ses disciples semblent tout sauf des mystiques. Quand ceux-ci lui demandent : « *Apprends-nous à prier* »[4], le Fils de l'homme se contente de leur proposer le « Notre Père ».

---

(1) Matthieu 12, 7-8.

(2) Marc 2, 27.

(3) Marc 2, 16-17.

(4) Luc 11, 1.

Jésus, quant à lui, commence son ministère public par un séjour au désert. À chaque tournant de sa vie, ses disciples le surprennent en train de prier à l'écart.

« *Le matin, bien avant le jour, il se leva, sortit et s'en alla dans un lieu désert, et là il priait*[1]. »

« *Et quand il eut renvoyé les foules, il gravit la montagne à l'écart, pour prier*[2]. »

« *Alors Jésus parvient avec eux à un domaine appelé Gethsémani, et il dit aux disciples : "restez ici, tandis que je m'en irai prier là-bas"*[3]. »

Une dernière chose m'impressionne chez Jésus. Celle-ci découle de tout ce qui précède : parce qu'il est si pleinement humain, souverainement libre et auteur de sa parole, l'homme de Nazareth est juge des cœurs et des actes, mais non des personnes. À ces yeux, celles-ci valent toujours mieux que leurs bassesses et trahisons.

L'épisode de la femme adultère résume cela avec humour et profondeur :

« *Or les scribes et les Pharisiens amènent une femme surprise en adultère et, la plaçant au milieu, ils disent à Jésus : "Maître, cette femme a été surprise en flagrant délit d'adultère. Or dans la Loi, Moïse nous a prescrit de lapider ces femmes-là. Toi donc, que dis-tu ?"* [...] *Comme ils persistaient à*

(1) Marc 1, 35.

(2) Matthieu 14, 23.

(3) Matthieu 26, 36.

*l'interroger, il se redressa et leur dit : "Que celui d'entre vous qui est sans péché lui jette la première pierre !"* [...] *Mais eux, entendant cela, s'en allèrent un à un, à commencer par les plus vieux ; et il fut laissé seul avec la femme toujours là au milieu. Alors, se redressant, Jésus lui dit : "Femme, où sont-ils ? Personne ne t'a condamnée ?" Elle dit : "Personne, Seigneur." Alors Jésus dit : "Moi non plus, je ne te condamne pas. Va, désormais ne pèche plus"*[1]. »

En prenant de l'âge, je comprends chaque jour davantage pourquoi ce sont les accusateurs les plus âgés qui se sont retirés les premiers : « *Ne jugez pas, afin de n'être pas jugés ; car du jugement dont vous jugez on vous jugera et de la mesure dont vous mesurez on mesurera pour vous. Qu'as-tu à regarder la paille qui est dans l'œil de ton frère ? Et la poutre qui est dans ton œil à toi, tu ne la remarques pas*[2] *!* »

Ce portrait du « Fils de l'homme » est loin d'être exhaustif. Il est aussi fort personnel. D'autres mettraient les accents ailleurs.

Pourtant, ces traits de la personnalité de Jésus semblent bien lui avoir appartenu. Si donc la foi chrétienne dit vrai et que le Charpentier est la pleine présence du divin en langage d'homme, cela signifie que Dieu veut, qu'à l'instar de Jésus, nous soyons pleinement incarnés, intérieurement libres, auteurs de nos paroles et de nos actes, hommes de prière malgré notre vie active, et par-dessus tout sans jugement envers notre prochain.

---

(1) Jean 8, 3-11.

(2) Matthieu 7, 1-3.

## ***Le Christ***

### *Rencontrer le Christ*

La vie terrestre de Jésus s'est achevée, il y a bientôt deux mille ans. Elle n'a plus grand-chose de commun avec la nôtre. Il ne s'agit donc pas pour nous de devenir *jésuistes*, c'est-à-dire les imitateurs serviles d'un personnage du passé.

Pour le chrétien, la vie humaine du Nazaréen est présence intégrale de Dieu dans notre condition humaine. Elle est *sacrement* de Dieu, le signe par excellence qui nous donne de rencontrer le Très-Haut et de vivre de son Esprit. En Jésus de Nazareth, Dieu a pris humanité, afin que – en entrant en communion spirituelle avec lui – notre humanité puisse goûter à la vie de Dieu.

S'il ne s'agit pas de devenir *jésuistes*, il nous faut devenir *chrétien.* Par la rencontre spirituelle de celui qui est le Verbe de Dieu fait chair, nous devenons à notre tour – et à notre mesure – porteur de l'Esprit et donc vecteur de la Bonne Nouvelle dans notre vie de tous les jours. Telle est la sainteté chrétienne. Non pas un prix d'excellence offert à ceux qui font un sans-faute sur cette terre, mais l'œuvre de l'Esprit dans une humanité fragile, qui lui donne de devenir « christique », c'est-à-dire contagieuse de Dieu.

Que signifie « rencontrer le Christ » ? La réponse à cette question ne se trouve pas dans les livres. Comment parler du goût du chocolat à quelqu'un qui n'en a jamais mangé[1] ? À son sujet, un homme peut lire des livres et interroger des centaines

(1) Cette idée me fut soufflée par une amie, Dominique Renuart.

de personnes, toutes dignes de confiance. Certaines trouveront l'aliment délicieux. D'autres en seront dégoûtées, soit parce qu'elles le trouvent écœurant, soit parce qu'elles en ont été trop gavées étant petites. Toutes ces lectures et rencontres connoteront positivement ou négativement le goût du chocolat dans l'imaginaire de notre bonhomme. Cependant, tant qu'il n'y a pas goûté, il ne saura pas ce que c'est.

Il en va de même pour la rencontre spirituelle avec le Christ. On peut beaucoup lire à ce sujet – c'est d'ailleurs ce que vous êtes en train de faire – et en entendre parler en bien ou en mal. C'est important de se documenter et d'écouter des témoignages, mais cela ne suffit pas pour « se faire une religion ». Il s'agit de plonger dans la démarche spirituelle. Comme je le disais au chapitre premier, il faut oser le chemin du désert intérieur. Seul celui, qui entre dans son sanctuaire intime et s'engage sur le chemin de la vie spirituelle, pourra éventuellement faire l'expérience mystique de la rencontre avec le Christ.

Pareille expérience n'est pas réservée aux moines, curés et autres « professionnels de Dieu ». Au pays des chrétiens se rencontrent bien des personnes frustres dont la vie « christique » est un océan de grâce. « *Je te bénis, Père, d'avoir caché cela aux sages et aux intelligents et de l'avoir révélé aux tout-petits*[1]. »

Non, la rencontre spirituelle avec le Christ ne s'apprend pas dans les livres. Quand Jean le Baptiste invite les premiers disciples à prendre Jésus pour maître, ceux-ci le suivent timidement sur le chemin. Alors, le Fils de l'homme se retourne et leur dit : « *Que cherchez-vous ?* » Ils lui disent : « *Où demeures-tu ?* »

(1) Matthieu 11, 25.

(Ce qui signifie : « Quel est ton lieu de vie ? Qu'est-ce qui te fait vivre ? ») Pour répondre, le Christ ne fait pas un beau discours, mais leur lance comme en défi : « *Venez et voyez*[1]. »

Aujourd'hui encore, le Christ ne nous dit pas autre chose : « *Viens et vois.* »

L'expérience chrétienne débute par une rencontre spirituelle avec le Christ. Celle-ci provoque une *metanoia,* ou conversion. *Metanoia* est un mot grec qui signifie « changer de mentalité » ; ce qui se traduit en latin par *convertire* – « tourner vers ».

La conversion est une expérience spirituelle qui libère en l'homme des énergies captives, pour les tourner vers un accomplissement. L'image qui me vient à l'esprit pour illustrer cela, est celle d'une plante qui dépérit au fond d'une cave. Une fois portée à la lumière du jour, elle tourne lentement son feuillage vers le soleil et s'épanouit.

Avec les années, chacun de nous découvre en soi une part d'ombre. Celle-ci fait peur : peur de l'échec, du jugement, de la faille intérieure, d'une blessure d'enfance, de la vieillesse, de la déchéance, et bien entendu – tout au bout – de la mort.

L'homme étant passé maître dans l'art de se mentir, nous choisissons en général la position de confort, qui consiste à vivre dans le déni de sa peur. « Moi, peur ? Jamais ! » Ce faisant, nous nous construisons une carapace. Certaines de ces cuirasses sont tellement bien charpentées qu'elles tiennent une vie durant. C'est du solide et l'homme qu'elles protègent, semble inébranlable.

---

(1) Jean 1, 36-39.

Mais la peur est un cancer. Quand un homme refuse de la regarder bien en face, elle prend possession de sa vie. La peur fait porter le masque de la comédie humaine. Avec elle, l'homme vit dans la parodie. Il troque sa soif de vérité intérieure contre un confort matériel, un statut social et une conversation qui distrait de l'essentiel.

Quand la peur domine le cœur d'un homme, elle régit sa vie relationnelle. Toute rencontre qui réactive la peur, est perçue comme une menace dont il faut se défendre. Ainsi se crée un implacable mécanisme d'exclusion. Autour de moi, il y aura les alliés ; ces personnes qui me rassurent. Mis à l'écart, il y aura tous ceux qui sont perçus comme hostiles, en ce qu'ils menacent mon intériorité bétonnée.

Dès lors, il y a ceux que je fréquente et ceux que je ne fréquente pas ; ceux que j'aime et ceux que je n'aime pas ; ceux qui sont de mon milieu ou de mon bord et ceux qui ne le sont pas, etc. Le monde devient un territoire que mon esprit divise selon son bon vouloir entre trois catégories d'humains : alliés, ennemis et neutres. Les alliés sont fréquentables ; les neutres tolérables ; les ennemis à fuir ou combattre.

« On ne peut pas aimer tout le monde », ânonne la sagesse populaire, « c'est humain ! » Oui, c'est humain, mais ce n'est pas chrétien. Évidemment, nous avons nos sympathies naturelles et antipathies toutes aussi instinctives, mais cela doit-il nous conduire à n'ouvrir notre cœur qu'aux personnes qui rassurent notre petit ego et à traiter les autres de façon hostile ?

« *Eh bien ! Moi je vous dis : Aimez vos ennemis, et priez pour vos persécuteurs, afin de devenir fils de votre Père qui est aux cieux, car il fait lever son soleil sur les méchants et sur les bons, et tomber la pluie sur les justes et les injustes. Car si vous aimez ceux qui vous aiment, quelle récompense aurez-vous*[1] *?* »

L'homme qui s'enferme dans une logique d'exclusion cherchera à justifier celle-ci. Il se fabriquera une idéologie maison, pour se convaincre en toute « bonne mauvaise foi » que, de fait, sont des gens biens que ceux qui le rassurent. Pareille construction mentale rétrécit l'horizon social. Au lieu de se dilater avec les années aux dimensions de l'univers, celui-ci en vient à se confondre avec la clôture de mon jardinet mental.

Celui qui vit ainsi devient idolâtre. Il divinise ce qui l'arrange et démonise ce qui le dérange. S'il s'agit d'un croyant, cela le mène au blasphème. Il est, en effet, tellement confortable de clamer, à qui veut bien l'entendre, que s'il pense ainsi et agit de la sorte, c'est parce que « Dieu-le-veut ».

Voilà l'Éternel réduit au rang de faire-valoir pour anémie morale. Voilà le Très-Haut qui sert de confort psychologique pour petites angoisses existentielles. Un tel blasphème blesse l'image de Dieu bien plus gravement que bien des attaques de mécréants endurcis.

Carapace forgée par la peur. Logique d'exclusion. Idolâtrie de la justification. Telle est la spirale du péché. Cette dynamique diabolique[2] étouffe notre unité spirituelle et la remplace par une façade de convenances.

Pour sortir d'une pareille aliénation, il faut un réveil de la conscience. Celle-ci doit accepter de devenir lucide sur elle-même

---

(1) Matthieu 5, 44-46.

(2) Je le rappelle : *diabolos* signifie en grec « le diviseur ».

– de regarder sa misère bien en face – et de trouver le courage d'y remédier. Telle est l'expérience de la *metanoia* (la conversion). Toutes les grandes religions et spiritualités en parlent.

Dans la tradition chrétienne, il s'agit d'une rencontre spirituelle. Les chrétiens, qui ont vécu une conversion, l'expriment souvent pas ces mots sibyllins : « J'ai rencontré le Christ ressuscité et il me sauve ». Pourtant, si vous les harcelez de questions, ils seront forcés de reconnaître qu'ils n'ont rien vu ou entendu. Alors, *quid* ? Ces gens ont fait l'expérience d'un amour qui transfigure et qui guérit. Telle est l'expérience chrétienne de ce qui se nomme « le salut ».

La foi chrétienne professe que le Christ sauve le monde. En Jésus, l'amour divin a épousé notre humanité et lui demeura fidèle jusque sur la croix. Au cœur de la déréliction, le Crucifié rayonne de la force de l'Amour.

Un homme fait l'expérience du salut, quand il croise pareil Amour. La rencontre spirituelle avec le Christ est la rencontre d'un Dieu qui nous regarde avec des yeux de crucifié. Ce regard connaît et aime concrètement toute humanité jusque dans ses croix et déchéances. Ce regard traverse nos carapaces forgées par la peur.

Le regard du Christ juge l'homme de fond en comble, sans complaisance aucune, mais non pas à la manière de ce monde qui juge pour dénigrer. « *Vous, vous jugez selon la chair ; moi, je ne juge personne ; et s'il m'arrive de juger, moi, mon jugement est selon la vérité*[1]. » Le jugement du Christ n'est pas de l'ordre de la condamnation, mais de la guérison. Ainsi ce regard posé

(1) Jean 8, 15.

sur la femme adultère : « *"Femme, où sont-ils ? Personne ne t'a condamnée ?" Elle dit : "Personne Seigneur." Alors, Jésus dit : "Moi non plus, je ne te condamne pas"*[1]. »

Le regard du Christ nous voit dans notre nudité spirituelle, sans l'apparat ridicule de nos mises en scènes mentales. Il nous murmure au cœur : « Je sais qui tu es et te connais mieux que toi-même. Alors n'aie pas peur. Tel que tu es et non pas tel que tu te montres ou que tu rêves d'être un jour, mais bien tel que tu es concrètement, je t'aime. »

L'aube fait fuir la nuit. De même, celui qui accueille ce regard de feu posé sur chacun des recoins de son existence, est envahi d'une force qui chasse jusqu'à ses peurs les plus enfouies. Il se découvre aimé dans sa misère humaine et donc aimable. Se laissant aimer, il commence à s'accepter. Ainsi, entre-t-il dans la logique de la Grâce.

L'homme qui se laisse rejoindre par le Christ, commence à renaître intérieurement. Il est régénéré dans son regard, ses gestes, ses attitudes et son jugement.

> « *Vous vous êtes dépouillés du vieil homme et de ses agissements, et vous avez revêtu le nouveau, celui qui s'achemine vers la vraie connaissance en se renouvelant à l'image de son Créateur*[2]. »

Un tel homme passe lentement mais sûrement d'une logique d'exclusion à une vie de communion. La peur n'a plus de maîtrise sur sa vie. Le voisin cesse d'être une menace, dont il s'agit

---

(1) Jean 8, 10-11.

(2) Lettre de saint Paul aux Colossiens 3, 9.

de se défendre par des mécanismes d'exclusion. Sous le vent de l'Esprit, il découvre en toute personne un frère ou une sœur.

Il ne s'agit pas là de la caricature du bon chrétien. Bien au contraire. L'homme qui vit de la Grâce n'est plus dupe de grand-chose. Il se voit et regarde ses frères et sœurs en humanité avec une lucidité dépouillée d'illusions. Cependant, ce regard est *christophore* – porteur du Christ. Il n'est que bienveillance. À ses yeux, toute réalité chemine vers le haut. Même ce qui semble mort est appelé à revivre.

Un tel homme communie à l'humanité entière. La communion n'est pas à confondre avec la fusion, qui est un désir infantile de devenir « un » avec les autres, pour ne plus avoir à assumer le poids de son existence. La communion est une harmonie dans l'Esprit. Elle donne de se sentir concerné par toute humanité, dans le respect de l'altérité. Il s'agit de rejoindre l'autre et non pas de vivre à sa place. L'Esprit offre une telle proximité dans la diversité. Il transforme les foules sans visage en un peuple de frères et de compagnons.

Libéré de sa peur, l'homme entre dans une logique de communion. Il fait alors l'expérience de l'attitude religieuse authentique, qui consiste à faire de sa vie une louange.

Tant que le croyant reste esclave de ses peurs, son rapport au Créateur est perverti. Mal dans sa peau, l'humain est mal dans sa foi. J'ai beau dire toutes mes prières cent fois par jour, si je ne m'accueille pas en vérité, comment pourrais-je aimer l'Auteur de mes jours ? Je peux répéter à qui veut bien l'entendre que j'aime Dieu et que je suis son dévoué serviteur, derrière les mots se cache une sourde rancœur envers la divine source de mon mal-être.

En fait, je crains Dieu et avec lui je triche, comme triche le serviteur cabotin d'un maître qu'il hait en secret. Mon rapport au Créateur en devient un pervers jeu de cache-cache, plein de componction et de mièvrerie qui m'aliène de ma condition d'homme.

Celui qui accueille le salut qu'offre le Christ, découvre à quel point il est aimé d'un amour inconditionnel. Entrant dans la logique de communion en Esprit, il voit le monde peuplé de visages, qui sont autant de frères avec qui il s'agit de cheminer et de grandir. Alors, tout naturellement, il saisit ce que signifie d'appeler l'Auteur des jours : *Abba !* Père ! En effet, il se sent spirituellement fils de ce Dieu ; fils adulte et responsable appelé à collaborer à la moisson.

L'homme qui accomplit un tel périple spirituel, goûte tout naturellement ce que cela signifie d'appeler Dieu « son Père ». Ainsi, vivant debout devant la face de ce Père, il met sa joie dans la simple offrande de chacun des battements de son cœur. Chaque instant de vie, si anodin fût-il, est vécu comme une louange à l'Auteur de toute vie. C'est cela être un *adorateur en esprit et vérité, car tels sont les adorateurs que cherche le Père*[1].

Et si d'autres préfèrent dilapider l'héritage, ils sont surtout à plaindre, car ceux-là gaspillent leur vie. Voilà pourquoi, quand se repent celui qui s'est fourvoyé, ce ne sont pas des reproches de bien-pensants qui l'accueillent, mais la joie de ses frères en humanité. « *Il fallait bien festoyer et se réjouir, puisque ton frère que voilà était mort et il est revenu à la vie ; il était perdu et il est retrouvé*[2] *!* »

(1) Jean 4, 23.

(2) Luc 15, 31-32.

*Le Christ dans l'Église*

Depuis deux siècles, de nombreuses thèses circulent sur une perversion du christianisme par des apôtres ambitieux ou un saint Paul illuminé. Les disciples auraient transformé leur rabbi en personnage divin, pour mieux imposer leur autorité à la jeune Église. De telles idées sont intellectuellement défendables, car on peut faire dire ce que l'on veut à des événements qui remontent à 2000 ans.

La foi chrétienne ne nie pas les limites et défauts des premiers apôtres, mais pense que l'Esprit écrit droit avec des lignes courbes. Elle considère que cette Église, que les premiers disciples de Jésus ont édifiée au gré des vicissitudes de l'histoire, est bien l'œuvre de Dieu, car c'est elle qui nous donne aujourd'hui encore de rencontrer spirituellement le Christ.

« Jésus a annoncé le Royaume et c'est l'Église qui est venue », lançait, tel un pavé dans la mare, Loisy[1] (1857-1940) au début du XXe siècle. Et de fait, dans son humanité, le rabbi de Nazareth n'avait certainement pas prévu l'avènement d'une Église telle que nous la connaissons. Il a préparé ses disciples à sa passion, leur a annoncé sa résurrection et a promis que son Père ne les laisserait pas orphelins quand il s'agira de témoigner devant les hommes :

> « *Lorsque viendra le Paraclet que je vous enverrai d'auprès du Père, l'Esprit de vérité qui vient du Père, il me rendra témoignage. Mais vous aussi, vous témoignerez, parce que vous êtes avec moi depuis le commencement*[2]. »

---

(1) Exégète français de renom. Précurseur hardi. Fougueux et imprudent dans ses conclusions, il finira excommunié.

(2) Jean 15, 26-27.

Et l'Église est venue, fondée sur le Christ mais non programmée par lui. La question est de savoir si elle est la gardienne fidèle de l'expérience christique ou si, au contraire, elle en est la perversion. « Oui à Jésus, mais non à l'Église », fut un slogan à la mode auprès des chrétiens soixante-huitards. Aujourd'hui encore, il est plutôt de bon ton de présenter le chrétien catholique comme quelqu'un qui abdique une part de sa raison humaine, pour adhérer par soumission grégaire à tout une série de dogmes et aux dictats d'une institution réactionnaire. Cette vision des choses aborde la question par le mauvais bout : les dogmes chrétiens et l'adhésion à l'Église ne sont pas un préambule à la foi. Ils en sont la conséquence.

Pour prendre une comparaison, ce n'est pas en adhérant à une constitution nationale qu'un homme devient citoyen d'un pays. La plupart du temps, une personne devient citoyenne par naissance et apprend à aimer son pays en grandissant. Ce n'est que bien plus tard – et parfois jamais – qu'elle s'intéressera aux lois fondamentales de cette nation. Certains rejettent leur pays en devenant adultes. D'autres en deviennent citoyen par choix ou nécessité.

Il en va de même pour la foi chrétienne : la plupart des chrétiens le sont par naissance et s'approprient peu à peu la foi de leurs parents. Certains la rejettent par la suite ; d'autres y adhèrent par choix à l'âge adulte. Certains se posent beaucoup de questions sur leur foi et interrogent la structure dogmatique de leur Église ; d'autres n'ont pas ce besoin et vivent avec ce qu'on appelle « la foi du charbonnier ».

Les dogmes chrétiens et institutions ecclésiales sont les fruits d'une expérience de foi. L'Église est née du témoignage des disciples qui ont côtoyé le Christ et fait l'expérience spirituelle de sa résurrection. Le premier énoncé de la foi se résumait à proclamer : « *Dieu l'a ressuscité, ce Jésus ; nous en sommes témoins*[1]. »

Hallucination collective ? Autosuggestion sur fond d'un deuil impossible ? Génial mensonge ? Canular le plus énorme de l'histoire de l'humanité ? Les hypothèses ne manquent pas pour mettre en doute la parole des apôtres, mais il est historiquement incorrect de prétendre que ceux-ci ont commencé par prêcher l'enseignement de Jésus, pour ensuite enrober celui-ci dans une fable de résurrection, histoire de montrer que Dieu était d'accord avec sa doctrine. Non, la toute première prédication des chrétiens part de la résurrection. Après seulement, se sont-ils rappelés l'enseignement du Maître et ont-ils posé la question de son identité : qui donc était ce Jésus ?

Au cours des siècles et au gré des cultures, il fallut organiser la vie chrétienne et répondre aux objections en précisant sa pensée. Ainsi sont nés les institutions et les dogmes. Comme l'exprimait il y a un siècle et demi l'anglais John Henry Newman (1801-1890), génial pionnier de la pensée chrétienne moderne : le christianisme « vint au monde plutôt sous forme d'expérience fondatrice que sous forme d'institution, et eut à se couvrir d'habits et s'essayer une armure de fabrication propre, et à se former les instruments et méthodes de sa prospérité et de son expansion[2]. »

---

(1) Actes des Apôtres 2, 32.

(2) Newman, J.H., *Essai sur le développement de la doctrine chrétienne*, Londres, Longmans, p. 78.

L'image que Newman avait en tête pour parler du développement est celle de l'organisme vivant[1]. À condition de rester fidèle à son patrimoine génétique, une entité biologique doit évoluer et s'adapter pour pouvoir survivre et se déployer. Entre le nouveau-né que j'étais il y a 40 ans et l'adulte que je suis devenu, quelle différence. Et pourtant, il s'agit de la même personne, car mon patrimoine génétique ne s'est pas altéré. De la même manière, entre l'Église des premiers apôtres et celle d'aujourd'hui, quelle mutation. Et pourtant, c'est la même Église qui a changé pour rester fidèle à elle-même.

Pour vivre sans se scléroser, insiste Newman, l'Église doit s'adapter aux cultures différentes et aux époques qui se succèdent : « Quel que soit le risque de corruption causé par le constant échange avec le monde alentour, un tel risque doit être encouru si une grande expérience fondatrice se veut être pleinement comprise, et bien plus encore si elle est appelée à un total déploiement [...]. Elle change [...] afin de rester la même[2]. » Ceci, bien évidemment, à condition de rester fidèle à son « patrimoine génétique », soit l'expérience religieuse fondatrice du christianisme.

Ce n'est donc pas la mise en place d'institutions ou la promulgation de dogmes au cours de l'histoire qui doivent nous étonner. La question, qu'il s'agit de se poser, est si tel dogme ou institution découle fidèlement du patrimoine génétique de l'Église. Si oui, il s'agit d'un développement légitime ; sinon, on a affaire à une excroissance cancéreuse.

(1) À la suite du *Commonitorium* de saint Vincent de Lérins (début ve siècle).

(2) *Id.*, pp. 39-40.

Ce patrimoine génétique de l'Église quel est-il ? Au risque de me répéter, je rappelle la formule des premiers penseurs chrétiens : en Jésus de Nazareth, Dieu s'est fait intégralement homme afin que l'homme puisse être pleinement associé à la nature de Dieu. Et Dieu ne s'est pas avant tout fait homme pour communier à nos lumières – les joies et réussites – mais davantage encore à notre nuit – angoisses, peurs, injustice, fatalité, péché et mort. En Jésus, Dieu a voulu nous rejoindre jusque dans nos bas-fonds et y communier – se l'approprier – afin qu'au cœur même de nos nuits les plus profondes, le « je t'aime » humain que Dieu prononce par la bouche de son Fils, puisse résonner et se répandre.

Ce souffle du Fils est communiqué à tous ceux qui reçoivent son Esprit : au cœur même de leurs péchés et drames humains, ils apprennent à aimer à la démesure de Dieu. À la fin de sa longue vie, l'apôtre d'Éphèse ne redisait pas autre chose :

> « *En ceci consiste l'amour : ce n'est pas nous qui avons aimé Dieu, mais c'est lui qui nous a aimés et qui a envoyé son fils en victime de propitiation pour nos péchés. Bien-aimés, si Dieu nous a ainsi aimés, nous devons, nous aussi, nous aimer les uns les autres. Dieu, personne ne l'a jamais contemplé. Si nous nous aimons les uns les autres, Dieu demeure en nous, en nous son amour est accompli. À ceci nous connaissons que nous demeurons en lui et lui en nous : il nous a donné son Esprit*[1]. »

En parcourant l'histoire, nous constatons qu'à maintes reprises, l'Église a trahi l'Évangile. Cependant, le patrimoine génétique de la foi chrétienne a été transmis fidèlement au long

(1) Première lettre de Jean 4, 10-13.

des siècles. La figure du Christ, telle que la dogmatique chrétienne l'a élaborée, en est la plus belle illustration. Au cours des siècles, des conciles et des querelles, les dogmes christologiques n'ont tendu que vers un seul résultat : garder à la figure du Fils de l'homme son vertige, en récusant tous ceux qui voulaient réduire celle-ci par la logique.

Il est en effet plus confortable pour l'intelligence humaine de voir en Jésus un homme pas tout à fait Dieu, ou un Dieu pas intégralement homme. Les formules de foi des conciles de Nicée (325), Constantinople (381), Éphèse (431) et Chalcédoine (451) ont préservé la tension au cœur de l'expérience chrétienne : Jésus de Nazareth n'est ni surhomme, ni demi-dieu, ni ange… Il est 100 % homme – semblable à chacun de nous, sauf en ce qui concerne le péché – et 100 % présence de Dieu.

Pour le commun des mortels, Dieu se cacherait quelque part bien haut. Il serait « au ciel », soit dans son Olympe bienheureuse qui le protège du cri des hommes. Eh bien, non ! Répond la foi chrétienne. Regarde cet homme de Nazareth sourire, aimer, guérir, jubiler, se mettre en colère, se laisser surprendre, s'émerveiller, se laisser trahir et condamner et tuer, hurler sa détresse et pardonner une fois de plus… Contemple ce visage bien concret d'un homme en croix nu et ensanglanté – couronné d'épines – et tu as devant toi la Parole dans la chair que Dieu t'adresse.

Dieu ne peut dire plus. Ici tout est dit dans sa plus drue simplicité. Soit, on passe son chemin en hochant la tête, comme en disant : « un Dieu pareil, très peu pour moi », soit on tombe à genoux. On entre alors en adoration pour se relever un peu plus *christophore* – porteur du Christ et de sa lumière d'amour.

Ce patrimoine génétique de la foi chrétienne, se retrouve dans les institutions et rites de l'Église. Que sont les sacrements, sinon des moments sensibles où il nous est donné de communier à l'amour de Dieu réalisé en Christ ? Que sont les responsables d'Église, si ce n'est des passeurs de l'amour de Dieu révélé en Christ ?

« Oui, mais… », Objectera-t-on, « c'est le cours de l'histoire qui en a décidé ainsi : il aurait pu y avoir 12 sacrements au lieu de 7, ou encore seulement 3 ; il aurait pu y avoir des *christodux* ou des *évangéliarques* plutôt que des papes, évêques, prêtres ou diacres… ». C'est vrai. L'histoire aurait pu donner un visage « sociologique » bien différent au christianisme, mais le fond n'en aurait pas été altéré pour autant.

« Donc, demain tout cela pourrait être changé ? » Plus vraiment. Un enfant qui vient de naître, peut apprendre n'importe quelle langue maternelle. À 8 ans ce n'est plus le cas. Arrivée à cet âge, la langue maternelle est fixée une fois pour toutes et fait partie de l'identité de l'enfant. Il en va de même pour l'Église. Sa structure sociologique fondamentale a été fixée au cours des premiers siècles de son histoire. Les choses auraient pu se passer autrement, mais maintenant, cela n'est plus indifférent. Désormais, la structure fondamentale de l'Église fait partie de son identité.

Évidemment, ceci ne peut devenir une excuse pour fermer l'Église à toute évolution. L'Église doit s'inculturer. Une Église qui ne ferait plus rencontrer le Christ au monde qui l'entoure, ne servirait plus à rien. Pire, elle deviendrait une idole néfaste.

# 4

# UNE ÉGLISE QUI PROFESSE ET CÉLÈBRE JÉSUS-CHRIST

*Notre quatrième escale pose le pied dans le monde des dogmes et rites chrétiens. Suranné le dogme ? Ringards les rites ? Pas si sûr.*

*J'ai eu, à deux reprises, l'honneur d'être invité à m'exprimer au cours d'une « tenue blanche »*[1] *dans des ateliers francs-maçons de tradition a-dogmatique*[2]. *À chaque fois, ce fut pour moi une expérience enrichissante doublée d'une excellente soirée. Au cours de mon allocution, la bienveillance de mon auditoire m'autorisait cette gentille taquinerie : « Certains d'entre vous récusent la prétention de l'Église à proposer des dogmes, mais respectent sans*

(1) Séance ouverte à un non maçon.

(2) Par opposition aux loges, dites « régulières », qui sont reconnues par la Grande Loge unie d'Angleterre et requièrent de la part de chacun de leurs membres la foi en un Être suprême.

*sourciller les* landmarks[1] *de l'itinéraire maçonnique. D'autres reprochent parfois aux catholiques leurs liturgies répétitives ou le relent magique des sept sacrements, tout en pratiquant sans broncher les cérémonials de l'initiation maçonnique qui dans le rite écossais ancien et accepté ne compte pas moins de… trente-trois degrés. Évidemment, les contenus ne sont pas les mêmes, mais ceci doit nous inviter tous à la réflexion avant tout jugement sur l'autre : je pense quant à moi que le dogme et les rites sont le propre de l'homme. »*

## *Le dogme, balise de l'indicible*

Les dogmes chrétiens ne sont pas des messages venus d'En haut. Ils sont un discours humain qui (pour le croyant avec l'aide de l'Esprit) cerne une expérience de transcendance. Comment, en effet, parler d'une révélation ? Outre les images, les histoires et les symboles, reste le dogme. Celui-ci balise par des concepts notre connaissance religieuse.

Un dogme délimite plus qu'il ne définit. Il écarte ce qui n'est pas, plutôt que de fixer ce qui est. En effet, « définir » le divin n'est pas possible. Dieu est infini. Nos concepts humains sont limités et ne peuvent saisir la Transcendance de manière exhaustive. En revanche – une fois qu'elle a adhéré à la foi chrétienne – notre raison peut tirer des conclusions du genre : « Si je crois cela et que je veux être conséquent, alors il y a certaines choses que je ne puis plus dire. »

C'est cela un dogme. Cela ressemble à une balise posée en haute mer et qui avertit les navigateurs : « Attention ! Au-delà de cette limite se trouve un banc de sable. Faites selon votre

(1) Borne qui délimite ou amer nautique.

conscience, mais ne venez pas vous plaindre par après. On vous avait prévenu : vous risquez de faire naufrage comme tant d'autres avant vous. »

Ainsi, le dogme traitant de la personne du Christ est-il une balise. Il ne dit pas : « Voilà la définition théologique du Christ en son mystère intérieur » mais bien « si vous ne voulez pas abîmer la foi chrétienne, vous ne pouvez dire que Jésus de Nazareth n'était pas 100 % homme et 100 % Dieu ». Comment tenir ces deux choses ensemble ? Pas en se cantonnant dans la logique des hommes, mais en accueillant celle d'un Dieu qui veut partager notre humanité sans tricher avec la condition humaine.

Quant au dogme de la Trinité, il n'est pas une définition du Divin. Le mystère intime du Dieu infini nous dépasse. Nos concepts et mots sont bien trop pauvres et maladroits pour le saisir. Il n'empêche, la révélation chrétienne invite à contempler le brasier divin comme un éternel feu d'amour qui jaillit d'une source – appelée à la suite de Jésus « Père » – pour se manifester dans sa parfaite expression et réalisation – appelée « Verbe » ou « Fils » – et ceci, dans l'unité d'un « Esprit » qui conjugue l'unicité et la pleine différenciation des sujets. En professant cela, nous n'avons pas dit grand-chose de Dieu – fort heureusement, d'ailleurs – mais nous avons exclu de nous le représenter comme un monolithe. La foi trinitaire invite le chrétien à penser ce Dieu qui prend chair d'homme et qui assume pareille condition jusqu'à la croix – « *scandale pour les Juifs, folie pour les païens* »[1] – comme le prototype de toute relation interpersonnelle.

(1) Première lettre de saint Paul aux Corinthiens 1, 23.

En ce qui concerne les dogmes ayant trait à la vie en Église, il n'en va pas autrement. Ce ne sont pas des définitions, mais des balises. Que l'évêque soit spirituellement successeur des apôtres et le pape successeur de Pierre ; que le Christ soit réellement présent dans le sacrement de l'Eucharistie… Dans chacun de ces énoncés, l'Église a reconnu un élément constitutif de sa vie et de son identité. Pourtant, par le dogme, elle ne fixe pas conceptuellement l'essence de la grâce épiscopale ou la « formule chimique » de la présence eucharistique. Elle pose une balise, en disant : « Libre à vous de ne pas adhérer à tout cela, mais alors vous sortez de l'expérience de foi qui fait vivre les chrétiens depuis les origines. »

Voilà pour le statut du dogme. Qu'en est-il de son interprétation ?

Adhérer à un dogme, en dehors de toute vie d'Église est une chose aussi inappropriée que de manger un grain de poivre, séparé de tout aliment. Il y en a qui aiment ça, mais ils sont rares. La plupart diront que c'est peu digeste. En revanche, mettez du poivre sur un bon steak… De même, un dogme – balise et repère de la foi chrétienne – ne se comprend adéquatement qu'à travers un triple filtre.

Tout d'abord, un dogme se replace dans son contexte historique. Aujourd'hui, un profane ne comprend plus la formule christologique énoncée par le concile de Chalcédoine (451), ou encore le terme médiéval de « transsubstantiation » utilisé pour parler de la présence eucharistique. Il s'agit donc de rechercher ce que voulaient dire ceux qui furent à l'origine de ces formulations dogmatiques, afin d'extraire le contenu de foi de son écrin socioculturel.

Ensuite, un dogme s'insère dans l'ensemble de la foi chrétienne. Parler de la naissance virginale du Christ – sans plus – donne à l'homme moderne l'impression qu'on lui raconte un beau conte de Noël. En revanche, contextualiser ce point de foi dans l'ensemble de la vision chrétienne, le met en perspective : Jésus n'est pas que le produit d'une généalogie d'hommes ; il est une création nouvelle au cœur de notre humanité.

Enfin, un dogme se traduit en langage d'aujourd'hui. Il doit être présenté de manière telle que les hommes, à qui son enseignement s'adresse, en saisissent la teneur. Il n'est pas toujours aisé de redire avec d'autres mots le trésor de la foi chrétienne, sans quelque peu en trahir la richesse. Cependant, pour être compris par le commun des fidèles, il n'y a pas d'alternative. Mieux vaut un discours tâtonnant – voire maladroit – mais reçu des hommes, qu'un exposé intemporel que l'assistance écoutera avec le regard éteint d'une vache qui voit passer des trains.

## *Credo*

Pour illustrer ce propos, suit un commentaire du Credo. Ce résumé de la foi de l'Église que les chrétiens récitent chaque dimanche à l'Eucharistie, est décrié par d'aucuns comme suranné. Pourtant, aujourd'hui encore, son contenu nous parle.

En voici le texte intégral[1] :

*Je crois en Dieu, le Père tout-puissant*

*Créateur du ciel et de la terre.*

*Et en Jésus-Christ, son Fils unique,*

(1) Dans sa version courte, appelée « Symbole des apôtres ».

*Notre Seigneur,*
*Qui a été conçu du Saint-Esprit,*
*Est né de la Vierge Marie,*
*A souffert sous Ponce Pilate,*
*A été crucifié, est mort et a été enseveli,*
*Est descendu aux enfers,*
*Le troisième jour est ressuscité des morts,*
*Est monté aux cieux,*
*Est assis à la droite de Dieu*
*Le Père tout-puissant,*
*D'où il viendra juger les vivants et les morts.*
*Je crois en l'Esprit-Saint,*
*À la sainte Église catholique,*
*À la communion des saints,*
*À la rémission des péchés,*
*À la résurrection de la chair,*
*À la vie éternelle.*

## *Je crois en Dieu*

« Croire en Dieu » ne signifie pas « croire que Dieu existe ». Ça, c'est de la philosophie.

Le philosophe Nietzsche (1844-1900) a popularisé une formule aussi judicieuse qu'assassine : « Quand on voit la marche du monde, il vaudrait sans doute mieux pour Dieu qu'il n'existe pas. » Si Dieu est le grand architecte – immuable et impassible – de l'univers des déistes, Nietzsche n'a pas tort.

Pour un chrétien, croire en Dieu est d'un autre ordre. Quand un mari déclare qu'il croit en son épouse, il ne postule pas le fait que celle-ci existe, mais dit qu'il croit exister pour elle et être précieux à ses yeux, au point de pouvoir bâtir sa vie sur pareille alliance. De manière identique, croire en Dieu signifie pour un chrétien, entrer en alliance avec le Tout Autre. Il ne s'agit pas tant de croire en l'existence de Dieu, qu'en celle de tout homme aux yeux de Dieu.

Ce Dieu est l'unique. Autrement dit : seul Dieu est Dieu. Aucune créature – père, mère, conjoint, enfants, roi ou pape – ni aucune création humaine – argent, puissance, jeunesse, notoriété, beauté, intelligence – ne peuvent rendre l'homme dépendant et donc idolâtre. Un adulte libre ne se met à genoux que devant son Dieu.

Croire en Dieu ne signifie pas qu'on « rajoute » Dieu à sa vie, mais bien qu'on se refuse de donner une stature divine à tout ce qui n'est pas Dieu, y compris ce qu'on a de plus précieux en ce monde : « *Qui aime son père ou sa mère plus que moi, n'est pas digne de moi*[1]. »

La foi monothéiste n'est pas tant le contraire de l'athéisme que du paganisme. Un monde païen n'est pas un univers sans dieu, bien au contraire : il foisonne de divinités qui

(1) Matthieu 10, 37.

parasitent l'autonomie des hommes. La mentalité païenne rend le ciel poreux[1]. Il y « pleut » du divin à tout bout de champ. Chaque source a des vertus miraculeuses et toute pierre est enchantée. Dans l'univers mental païen, la vie sociale est infantilisée. Plutôt que d'inviter à la responsabilité des consciences, elle est régie par la magie et impose le respect de codes et tabous.

La foi monothéiste libère d'une pareille aliénation. Si seul Dieu est Dieu, aucune créature ne peut mettre des chaînes à la liberté responsable que l'homme a reçue de son Créateur.

*Le Père tout-puissant*

Comment appeler l'Éternel, l'Infini, la Source ? Jésus répond : « *Vous donc, priez ainsi : Notre Père qui es dans les cieux…*[2]. » Il va même jusqu'à conseiller l'exclusive : « *N'appelez personne votre Père sur la terre : car vous n'en avez qu'un, le Père céleste*[3]. » Traduction : seul Dieu « qui est dans les cieux », c'est-à-dire au-dessus des choses de ce monde, peut être appelé « Père » au sens propre du terme.

Les parents par le sang deviennent spirituellement nos frères et sœurs une fois que nous accédons au statut d'adulte. Parfois même – en prenant de l'âge – ils deviennent un peu nos enfants. Nos substituts de paternité en ce monde – patron, psychologue, prêtre… – ne sont « pères » que par participation à la paternité de Dieu et le sont donc de manière partielle, transitoire et

(1) Cette idée me vient d'un prêtre canoniste liégeois, Raphaël Collinet.

(2) Matthieu 6, 9.

(3) Matthieu 23, 9.

temporelle. Ils doivent rester de l'ordre des moyens, sinon ils sont idolâtrés comme le serait un gourou[1] de secte.

Seul celui qui est Source et Fin de toute chose, mérité le statut de « Père » au sens spirituel du terme. Il est celui qui nous sort de nous-mêmes pour nous faire grandir en humanité.

Dans les rangs féministes, une objection contre la paternité divine est régulièrement formulée : « Jésus appelait Dieu "son Père" sous l'influence de la culture patriarcale de son époque. Aujourd'hui il est plus juste de dire : Dieu notre Père et Mère. » Il est vrai que Dieu nous aime comme une mère aime son enfant. Le mot « Père » ne doit pas être pris dans le sens charnel de « mâle ». Dieu est au-delà de toute distinction entre mâle et femelle. Cependant, le nom de « Père » est investi d'une charge symbolique bien particulière qu'il s'agit de ne pas perdre de vue : le père est celui qui nous sort de la condition infantile, pour nous faire entrer dans le monde adulte. Là où la déesse-mère symbolisait dans la religion primitive l'harmonie fusionnelle entre l'homme et la création, le Dieu judéo-chrétien invite à quitter les matrices protectrices pour risquer l'aventure de la vie et ainsi devenir spirituellement adulte.

Le Dieu « Père » est celui qui dit à Abraham – prototype du croyant – « *Quitte ton pays, ta parenté et la maison de ton père pour le pays que je t'indiquerai. Je ferai de toi un grand peuple…*[2]. » C'est également le Dieu qui dit à Moïse – symbole du juif qui reçoit la loi de Dieu – « *Va, je t'envoie auprès de Pharaon,*

(1) Le terme « gourou » a un sens bien plus noble dans la tradition hindoue où il signifie « guide spirituel ». Ici, il est utilisé dans son acception péjorative.

(2) Genèse 12, 1-2.

*fais sortir d'Égypte mon peuple...*[1]. » Le « Père » est enfin celui qui donne la loi, cette règle de vie qui rend responsable : « *Et maintenant, Israël, écoute les lois et les coutumes que je t'enseigne aujourd'hui pour que tu les mettes en pratique : afin que tu vives...*[2]. »

Une autre question taraude l'homme contemporain : comment peut-on proclamer dans un monde déchiré par le mal et l'injustice, que ce Dieu est un Père « tout-puissant » ? S'il l'est vraiment, qu'attend-il pour remettre les choses à leur place ?

Pour seule réponse, je renvoie à mon commentaire du *Seigneur des Anneaux.* Tant que nous projetons sur Dieu nos fantasmes de toute-puissance humaine, nous travestissons sa paternité spirituelle « qui donne vie » en super-paternité charnelle « qui règle les choses ».

Non, le Dieu des chrétiens n'est pas un héros vengeur qui défend la veuve et l'orphelin. S'il utilisait son pouvoir sur notre monde, il se renierait lui-même en devenant une super-créature et non plus la Source de la vie. Tel était pourtant le rêve des disciples qui suivaient Jésus sur les routes de Palestine et de beaucoup de chrétiens à travers les âges : « *Seigneur, est-ce maintenant le temps où tu vas restaurer la royauté en Israël*[3] *?* »

« L'anneau du pouvoir ne peut être que détruit ». La toute-puissance de Dieu se manifeste par un homme nu, hurlant son désespoir sur une croix. La toute-puissance du Père est celle de l'amour qui, jusqu'au bout de la mort, triomphe du mal.

---

(1) Exode 3, 10.

(2) Deutéronome 4, 1.

(3) Actes des Apôtres 1, 6.

Pas étonnant que peu d'hommes reconnaissent pareille toute-puissance à Dieu. Elle est tellement éloignée de la logique de ce monde. Pourtant, ce monde passe avec le vent et les modes. Seule l'humble toute-puissance de l'amour crucifié a un goût d'éternité.

*Créateur du ciel et de la terre*

Le Dieu « créateur » que professent les chrétiens, n'est pas simplement celui qui a donné la « chiquenaude » initiale au commencement de l'univers. La catégorie théologique de « création » transcende le temps et l'espace. Elle énonce plutôt ceci : « À l'origine de toute chose, il y a un Sens fondateur. » Si « créer » se pensait exclusivement en termes de causalité – Dieu étant la « cause » de toute chose – qui donc aurait créé la causalité ?

Il est hasardeux de lancer : « C'est Dieu qui a causé le big-bang initial », car cela fait entrer la création divine dans une séquence logique, où il y a un « avant » et un « après » le big-bang. Qui donc a créé « l'avant » et « l'après », soit la temporalité ? Non, le Dieu créateur des chrétiens n'est pas le Grand Architecte de l'univers des théistes.

Dans la théologie chrétienne, la création ne se pense pas sous le mode de la causalité, mais de façon ontologique[1], soit au niveau même de l'être des choses. Proclamer Dieu « créateur » signifie que, si tout ce qui existe, aurait aussi bien pu ne pas exister – que tant de possibles ne se sont d'ailleurs jamais réalisés, ou ne se réaliseront jamais – il y a, à la source de tout ce qui est

(1) *Ontos* signifie « être » en grec.

de façon contingente, un Être qui « est » de façon nécessaire et absolue : un Être qui a en lui-même la source de son existence.

Professer que Dieu est le créateur, veut dire que la création de toute chose – le ciel et la terre – ne découle pas du Néant ou du Hasard, mais d'une Volonté amoureuse. La source de toute créature ne se trouve pas en elle-même, mais dans une relation existentielle qui la relie à l'Être fondateur. À l'origine de chaque chose et de chaque instant, il y a une relation d'existence qui précède et accompagne les créatures, sans jamais s'imposer à elles.

La comparaison la plus simple pour penser cela, est celle de la lumière. Sans lumière, on n'y verrait rien. Pourtant, quand il y a de la lumière, personne ne dit « je vois de la lumière », mais bien « je vois des choses ». Ceci, parce que la lumière précède et accompagne ma vue, sans jamais lui faire écran. Il en va de même dans la relation au Créateur. La relation d'être qui vient du Créateur – telle la lumière qui sort du soleil – donne aux choses d'exister, sans jamais s'imposer à elles.

### *Et en Jésus-Christ, son Fils unique, notre Seigneur*

Comment mettre en mots l'expérience déroutante d'un Dieu qui prend chair d'homme ? À l'époque apostolique furent forgés les termes de « Fils de Dieu » ou encore de « Verbe de Dieu ». Ils expriment que la Source originaire de l'amour – que l'homme peut adéquatement appeler « Père » – n'est pas un pur indicible. De toute éternité, le « Père » a choisi de se reposer dans un vis-à-vis qui le révèle : son Fils, ou Verbe.

Expression parfaite de l'Amour originel, ce Verbe se déploie dans toute la création. Partout où se rencontre l'amour avec un grand « A » (ou même avec un tout petit), sa présence transpire.

Pour un chrétien, le Verbe de Dieu se révèle partiellement dans la nature et les cultures, davantage dans l'amour humain et spécifiquement à travers les paroles et les actes des prophètes et des saints. Il s'exprime en plénitude dans la vie, les paroles et les actes de Jésus de Nazareth. En Lui, l'intégralité de l'amour divin se dit dans une vie d'homme.

À celui qui demande : « Mais qui donc est Dieu ? », le chrétien répond : « Regarde Jésus et tu verras. » Le seul maître de vie spirituelle au sens fort du terme, c'est lui. Paradoxalement, il nous l'a montré en prenant la place du serviteur ; cette place que selon la logique du monde, personne ne lui envie :

> « *Vous m'appelez Maître et Seigneur, et vous dites bien car je le suis. Si donc je vous ai lavé les pieds, moi le Seigneur et le Maître, vous aussi vous devez vous laver les pieds les uns aux autres*[1]. »

### *Qui a été conçu du Saint-Esprit, est né de la Vierge Marie*

Les temps et les mœurs changent. Il fut une époque où ce qui faisait difficulté pour le commun, était de croire que Dieu puisse condescendre à naître d'une femme. Le Verbe éternel sortant – tout vagissant – d'un vagin féminin, cela semblait décidément peu digne du Très-Haut. Et pourtant, la foi chrétienne n'a jamais transigé avec ce réalisme, même aux siècles les plus pudibonds. En se faisant homme, Dieu n'a pas triché avec notre humanité.

Aujourd'hui, c'est plutôt le « conçu de l'Esprit-Saint » qui pose problème à nos contemporains. Si Dieu a choisi de partager notre humanité sans passe-droits, pourquoi faut-il tenir

(1) Jean 13, 13-14.

que ce soit l'Esprit-Saint qui ait fécondé Marie et ne peut-on imaginer que Jésus soit né de l'étreinte amoureuse de Joseph ? « Qu'est-ce que cela change ? N'est-ce pas en étant conçu par voie intégralement humaine que Dieu se rend véritablement solidaire de notre condition ? Aurait-il honte de la sexualité dont il nous a dotés pour nous reproduire ? Le dogme de la conception virginale doit être démythologisé. Son sens est symbolique. » Ainsi raisonne plus d'un chrétien sincère et même théologien de renom.

L'objection a du poids. Cependant, la position traditionnelle de l'Église à laquelle j'adhère, est loin d'être idiote. Elle ne signifie pas que Dieu ait honte de naître d'une relation sexuelle. Elle professe que – bien que pleinement homme – Jésus de Nazareth représente une radicale nouveauté, une « nouvelle création ». Le Christ n'est pas que le produit – dopé de grâce divine pour accomplir sa mission – d'une généalogie d'ancêtres ; il est l'homme libre de cette ambiguïté constitutive de notre humanité que les théologiens appellent le « péché originel ».

Au beau milieu de l'histoire humaine, Dieu intervient en donnant chair à la pure expression de son être. Jésus est l'homme accompli ; le prototype qui donne sens et direction à notre humanité en voie d'accomplissement. Pleinement humain, il est Don du ciel avant d'être produit de la terre. C'est pour manifester cela que l'Esprit de Dieu a fécondé une vierge.

### *A souffert sous Ponce Pilate, a été crucifié, est mort et a été enseveli, est descendu aux enfers*

La passion de Jésus est racontée par des écrivains non chrétiens, contemporains de la première génération chrétienne

(Flavius Josèphe et Tacite). Elle fait partie de l'histoire humaine. Ceci explique l'évocation, en soi surprenante, d'un gouverneur romain au beau milieu d'une proclamation de foi intemporelle.

Le nom de Ponce Pilate est planté au cœur du Credo, comme pour souligner qu'en Jésus, Dieu a plongé dans l'histoire rugueuse des hommes.

Le Fils de Dieu s'est rendu solidaire de l'humanité, en acceptant d'aller jusqu'au bout de sa mission sur terre. Contrairement à ce que tant de voix dévotes ont chanté avec le *Minuit chrétien*, ce n'est pas le Père qui a voulu la croix, afin que le sang versé du Christ apaise « son courroux ». Un dieu pervers n'a rien de chrétien.

La croix vient de notre monde. Elle est la réponse des hommes quand Dieu vient à leur rencontre. Ce que le Père souhaite est que son Fils aille jusqu'au bout de l'amour. Ce qui sauve l'homme, n'est pas la mort du Christ en croix – en soi échec absurde et supplice cruel – mais l'amour du Christ jusque sur la croix.

Pour prendre une comparaison : lors du débarquement de 1944, ce n'est pas la mort des *boys* sur les plages de Normandie qui nous a libérés, mais bien l'héroïsme de ces jeunes gens, prêts à sacrifier jusqu'à leur vie pour des gens dont ils ne connaissaient même pas le nom.

Le Christ aima l'humanité jusque dans la trahison et le supplice. Dans l'intime de sa chair crucifiée, il rejoint toutes nos dérélictions. Sur la croix, il se fait le frère de tout homme qui souffre et endure. Pendant que Pilate, à l'image des grands de ce monde, se lave les mains de sa mise à mort – « c'est bien triste, mais qu'est-ce qu'on peut y changer ? » – lui présente les larmes de ce monde à son Père et « *inclinant la tête, il remit l'esprit* »[1].

Et Jésus va plus loin encore. Il se rend non seulement solidaire des victimes, mais aussi des bourreaux. Sur la croix le Fils de Dieu prend sur lui le poids du péché de notre monde.

Cette fine pointe de la foi chrétienne, seul l'Esprit nous donne de la contempler. Quand s'accumule la fatigue des années, combien d'idéalistes ne ressentent pas un sourd découragement devant le foisonnement du mal ? « Au cours de ma jeunesse, j'ai cru pouvoir changer le monde », soupirent-ils, « Mais aujourd'hui, je suis trop las pour continuer. Je n'y crois plus. Le péché nous submerge ; il est trop ancré dans notre monde. »

Pareil constat désabusé est lucide. La foi chrétienne y répond en professant que seul Dieu peut prendre à bras-le-corps tous les maux de ce monde. Sur la croix, il fait sienne cette masse de péché. Ainsi, même le péché – qui est déni de Dieu – est visité par Dieu.

> « *Celui qui n'avait pas connu le péché, Dieu l'a fait pécher pour nous, afin qu'en lui nous devenions justice de Dieu*[2]. »

« Dieu est mort ! » scandaient il y a trente ans les émules de Nietzsche. Ils ne croyaient pas si bien dire : en l'humanité cadavérique de Jésus, Dieu a épousé cette mort qui lui était

---

(1) Jean 19, 30.

(2) Deuxième lettre de saint Paul aux Corinthiens 5, 21.

si naturellement étrangère. En lui, l'amour éternel qui brille depuis les origines a rejoint les « enfers », le séjour de l'ombre où tout n'est que passivité et oubli.

Jusque-là, l'Éternel a voulu habiter notre humanité. En Jésus, le Vivant a connu la mort. Désormais, même la mort est demeure de Dieu.

*Le troisième jour est ressuscité des morts, est monté aux cieux, est assis à la droite de Dieu le Père tout-puissant*

« Le troisième jour » a une signification avant tout symbolique, trois étant le chiffre de la présence divine. La durée entre la mort terrestre de Jésus et sa résurrection n'est pas d'abord chronologique. Sur la croix, le Christ n'aurait-il pas dit au bon larron : « *Aujourd'hui, tu seras avec moi dans le paradis*[1] ? »

Ce « troisième jour » a également une dimension historique. La mort du Christ aurait eu lieu un vendredi soir et la découverte du tombeau vide un dimanche matin.

La résurrection du Christ est l'événement central de la foi chrétienne. « *Si Christ n'est pas ressuscité, vide alors est notre message, vide aussi notre foi*[2]. » Pour le chrétien, il s'agit d'un événement bien réel, mais pas d'un fait « historique » au sens étroit du terme, soit une réalité qui s'inscrit sans plus dans une succession d'instants, entre un « avant » et un « après. »

La résurrection, c'est l'éternité qui fait irruption dans l'histoire. Et l'éternité, ce n'est pas un temps qui dure indéfiniment,

(1) Luc 23, 43.

(2) Première lettre de saint Paul aux Corinthiens 15,14.

mais une pure présence. Sur cette terre, ce que nous sommes n'est déjà plus et ce que nous serons n'est pas encore. Quant au présent, il est une succession en pointillé d'instants qui s'évanouissent. Bref, rien ne résiste à la loi du perpétuel changement. L'éternité, quant à elle et pour ce que notre esprit peut en concevoir, est pure présence : il n'y a plus d'« avant » ou d'« après » ; on « est » tout simplement. La résurrection est la manifestation d'un mode de pure présence dans notre monde spatio-temporel où exister, signifie être écartelé entre passé et présent.

« Ressusciter » n'est possible qu'à celui qui a définitivement quitté l'existence terrestre. Ne ressuscite que celui qui est mort pour de bon. Les passages bibliques au sujet de personnes censées « mortes[1] » qui sont réanimées – tel Lazare[2] – ne sont pas des récits de résurrection au sens propre du terme. Il s'agit de rappels à la vie. Ces personnes-là retourneront tôt ou tard dans leur tombeau. Pour elles, la mort n'est que partie remise.

Un ressuscité ne meurt plus, car il est déjà mort. La résurrection du Christ n'est pas le « retour à la vie de Jésus », du style « Jésus II, le retour ». Il ne s'agit pas de l'appréhender à la manière d'un *happy end* : « et à la fin de l'histoire, tout se termine bien, car Jésus a gagné ». Non, la mort du Christ en croix n'est pas une petite parenthèse que la résurrection vient bien vite clôturer. Jésus est bien mort sur la croix et cette mort est définitive. Il n'y a plus de retour en arrière. Il ne reviendra pas à la vie terrestre. La résurrection n'est pas l'accomplissement du fantasme humain d'immortalité.

---

(1) D'après nos connaissances médicales actuelles, peut-être dans un état comateux.

(2) Jean, chapitre 11.

Croire en la résurrection ne peut se faire que si on accepte l'idée de mourir. La foi chrétienne reconnaît que la mort humaine est définitive, mais elle ajoute qu'elle n'est pas ultime. Il faut que la chenille meure pour qu'advienne le papillon.

La résurrection du Christ ne fait pas l'impasse sur sa mort, mais proclame que par-delà celle-ci, il est vivant. Ayant porté jusque dans la mort le souffle d'amour divin, le Christ a été transfiguré dans toute son humanité. Il demeure désormais « aux cieux », c'est-à-dire en Dieu et « à la droite du Père » comme lien charnel entre le Père et l'humanité.

Précisons que quand on proclame : « il est monté aux cieux », le langage est symbolique et non « aéronautique ». Pas plus que pour la « descente » aux enfers ne s'agit-il d'une indication géographique. Les enfers représentent la dimension infrahumaine ; là où l'homme en est réduit à n'être plus que l'ombre de lui-même. Quant au ciel, il est « en haut » car suprahumain ; là où l'homme – élevé au-dessus de sa condition terrestre – est transfiguré.

### *D'où il viendra juger les vivants et les morts*

Les choses de ce monde n'ont de consistance en Dieu que si elles sont « christiques » soit porteuses d'amour vrai. De notre monde, tout passera avec la mode et les vents. Seul ce qui est amour en « *esprit et vérité* »[1] demeurera. Les hommes sont donc jaugés à travers le prisme aimant de l'humanité de Dieu en Jésus-Christ.

Sa résurrection étant un événement qui transcende toute chronologie historique, la création entière sera jugée à la

(1) Jean 4, 23.

lumière de l'amour christique, et ceci qu'elle se situe chronologiquement en amont ou en aval de la vie terrestre du Nazaréen. Le regard du Ressuscité embrasse toute l'histoire humaine. Il en devient le centre de gravité spirituelle et l'étalon de consistance. Il est celui qui prend le livre du monde et en « *ouvre les sceaux* »[1].

Cela signifie que les hommes seront séparés en « bons-qui-iront-au-paradis » et « mauvais-qui-seront-jetés-en-enfers » comme le représentaient jadis les portails de nos cathédrales ? Dieu n'est pas un comptable qui pèse les âmes. Il est un Père qui accueille ses enfants même les plus prodigues :

> « *Il y a plus de joie au ciel pour un seul pécheur qui se repent que pour nonante-neuf justes qui n'ont pas besoin de repentir*[2]. »

Donc, l'enfer c'est de la blague ? Non plus. L'enfer, c'est de vivre séparé de l'amour de Dieu. L'amour n'est jamais automatique ; il demeure là où on lui ouvre sa porte, mais jamais n'en force l'entrée.

> « *"Voici",* » *dit le Seigneur, "je me tiens à la porte et je frappe ; si quelqu'un entend ma voix et ouvre la porte, j'entrerai chez lui pour souper, moi près de lui et lui près de moi"*[3]. »

La liberté de l'homme peut faire échec au plan de salut de Dieu. Si un homme placé dans la pleine lumière du Christ persévère dans le refus de l'amour crucifié, personne ne pourra le forcer, pas même Dieu.

---

(1) Apocalypse 5, 9.

(2) Luc 15, 7.

(3) Apocalypse 3, 20.

Quelqu'un serait-il assez fou pour aller jusque-là ? Il faut espérer que non, mais ne pas non plus se laisser bercer par une spiritualité guimauve : notre cœur est capable du meilleur comme du pire. Un homme qui aurait passé sa vie terrestre à crucifier ses semblables, pourrait bien à la fin de celle-ci refuser d'embrasser le Dieu crucifié. Soyons donc vigilants, rappelle l'Écriture, car le nombre de nos jours s'écoule vite et ce que nous en ferons – pour une part au moins – nous appartient.

### *Je crois en l'Esprit-Saint*

Les concepts théologiques sont tâtonnants, mais nous aident à mettre de l'ordre dans l'expérience chrétienne. Celui qu'on appelle « Père » est la Source et l'Origine de toute chose. Celui qu'on nomme « Fils » ou « Verbe » est la pleine expression, réalisation et révélation de cet Amour originaire. Celui qu'on désigne comme « Esprit » est la force qui donne de vivre Dieu ou encore le souffle qui donne de respirer Dieu. Si le « Père » révèle la transcendance de Dieu et le « Fils » la rencontre avec Dieu, l'Esprit nous dit l'immanence de Dieu.

Dans ses *Confessions*, saint Augustin (354-430) écrit à propos de Dieu : « Tu es plus intime à moi-même que moi-même[1]. » Plus loin, il nous laisse ce bouleversant poème sur l'action de l'Esprit dans une âme :

> « Bien tard je t'ai aimée, ô beauté si ancienne et si nouvelle, Bien tard je t'ai aimée ! Et voici que tu étais au-dedans, et moi au-dehors et c'est là que je te cherchais, et sur la grâce de ces choses que tu as faites, pauvre

(1) Augustin, *Confessions,* III, 6, 11.

disgracié, je me ruais ! Tu étais avec moi et je n'étais pas avec toi ; elles me retenaient loin de toi, ces choses qui pourtant, si elles n'existaient pas en toi, n'existeraient pas ! Tu as appelé, tu as crié et tu as brisé ma surdité ; tu as brillé, tu as resplendi et tu as dissipé ma cécité ; tu as embaumé, j'ai respiré et haletant j'aspire à toi ; j'ai goûté, et j'ai faim et j'ai soif ; tu m'as touché, et je me suis enflammé pour ta paix[1]. »

Le christianisme refuse toute confusion entre Dieu et les créatures, mais n'en professe pas moins un Dieu intime à sa création. Dieu et la création, ce n'est pas la même chose. L'homme n'est pas une étincelle divine tombée sur terre. Cependant, la présence vivifiante de l'Esprit demeure au cœur de toute réalité.

Pour parler de l'Esprit, la tradition chrétienne utilise une kyrielle d'images, parmi lesquelles on retrouve les quatre éléments fondamentaux de la création – terre, eau, feu et air – et les cinq sens humains : vision, ouïe, goût, toucher, odorat.

L'Esprit est la terre fertile qui donne au grain de germer[2] et le roc sur lequel on bâtit une maison[3] ; il est l'« eau vive » qui apaise toute soif spirituelle[4] ; il est le « feu » de Dieu qui brûle les cœurs[5] ; il est le « vent » qui souffle où il veut[6]. L'Esprit

(1) *Id.*, X, 27, 38.

(2) Matthieu 13, 8.

(3) Matthieu 7, 24.

(4) Jean 4, 10.

(5) Matthieu 3, 12 et Luc 12, 49.

(6) Jean 3, 8.

donne de « voir » en vérité[1] ; d'« entendre » les paroles qui donnent vie[2] ; de « goûter » les saveurs du Royaume de Dieu[3] ; de « toucher » l'œuvre de Dieu[4] ; de « sentir » les parfums de la présence divine en ce monde[5].

Cet Esprit est dit « saint ». En langage biblique, cela signifie qu'il porte la vie divine. C'est pourquoi, je le répète, un saint n'est pas un homme sans faille, mais un être de chair et de sang, tellement imprégné de l'Esprit, qu'il irradie la vie de Dieu.

### *À la sainte Église catholique*

Seul celui qui croit en la puissance discrète de l'Esprit, peut adhérer à la « sainteté » de l'Église catholique. Celle-ci ne désigne pas la vertu additionnée des chrétiens. Hormis quelques anges ou quelques démons, on dénombre surtout parmi ceux-ci une multitude de pauvres pécheurs. Non, l'Église – qui est le peuple chrétien en marche – est dite sainte parce que l'Esprit de Dieu œuvre en elle. L'Esprit est l'âme dont l'Église est le corps.

Qui d'entre nous pourrait dire où se trouve son âme ? Pourtant, le jour où l'âme expire, notre corps devient cadavre. Il en va de même pour l'Église : personne ne peut localiser l'Esprit en son sein, mais le chrétien croit que sans son souffle, l'Église serait sans vie. Sans l'Esprit, l'Église n'est qu'une institution humaine au service d'une idéologie religieuse. Avec

---

(1) Jean 9, 11.

(2) Matthieu 13, 15.

(3) Jean 2, 9.

(4) Matthieu 9, 21.

(5) Jean 12, 13.

l'Esprit, elle est le milieu humain qui communique la vie de Dieu – la sainteté – aux hommes d'aujourd'hui.

Cette Église est dite « sainte », mais aussi « catholique ». À partir du XVIe siècle, ce terme fut utilisé dans un sens appauvri. « Catholique » en est venu à signifier « pas protestant », soit catholique romain. En fait, il ne s'agit pas de ça. Catholique vient du grec *kath-holon* qui peut se traduire « selon le tout ».

L'Église catholique est une Église « selon le tout », soit le contraire d'un club qui sélectionne ses membres. Une Église « selon le tout » est une Église de jeunes et de vieux, de riches et de pauvres, de noirs et de blancs, de mystiques et de pragmatiques, de vertueux et de pécheurs, de pratiquants et de non-pratiquants, de forts croyants et de moins croyants, de conservateurs et de progressistes… [1]. Elle est l'Église des catholiques romains, des anglicans, des protestants et des orthodoxes ; chaque confession participant à sa manière à l'unique Église du Christ.

L'Église est dite catholique, car elle est tout sauf un club de gens qui s'assemblent parce qu'ils se ressemblent. Il s'agit d'un peuple hétéroclite qui est convoqué par le Père pour être avec l'aide de l'Esprit, un signe du Christ pour le monde entier.

### *À la communion des saints, à la rémission des péchés, à la résurrection de la chair, à la vie éternelle*

L'Église est une « communion de saints », c'est-à-dire une union spirituelle entre personnes qui laissent la vie divine grandir en elles. Pareille communion ne se limite pas aux vivants

---

(1) Je dois cette idée à un prêtre théologien et canoniste liégeois, Alphonse Borras.

sur terre, mais s'étend à ceux qui nous ont précédés dans la vie éternelle.

Dès à présent, une solidarité invisible unit les vivants aux défunts. Nous pouvons prier pour ceux qui nous ont précédés et croire qu'ils prient pour nous. La prière est une respiration de l'âme. Elle est cette « perte de temps » qui nous imprègne de vie divine. Cela nous relie à ceux qui ont déjà connu leur grand passage et vivent en Dieu.

La prière nous rapproche aussi de ces premiers de cordée que sont les grands noms de l'aventure chrétienne, ceux que l'Église inscrit officiellement dans son calendrier comme saints et saintes : Benoît de Nursie, François d'Assise, Catherine de Sienne, Thomas More, Thérèse de Lisieux... D'une manière toute particulière, ceux-ci précèdent, accompagnent et éclairent notre pèlerinage sur terre.

Aucun péché ne résiste à l'amour du Christ. Dès maintenant, et à la fin de toute vie terrestre, le chrétien croit à la « rémission des péchés ». Après une éventuelle « transition-adaptation » – appelée par la tradition « purgatoire » – le défunt est appelé à communier au face à face divin[1]. C'est ce qu'on appelle « la vie éternelle. »

Par la « résurrection de la chair », cette vie nouvelle en Dieu concerne également notre corps. Non pas en tant qu'amas de tissus cellulaires, mais comme substrat existentiel. À la fin de sa vie terrestre, l'homme quitte sa condition de vivant biologique, mais n'en devient pas pour autant un esprit « gazeux », sans sexe ni visage. Non, notre existence « dans la chair » ressuscite aussi :

(1) Première lettre de saint Paul au Corinthiens 13, 12.

notre sexe, pays, civilisation, culture, âge, caractère, affectivité, particularité physique… Tout cela fait partie de nous et sans cela, nous ne serions pas celui que nous sommes devenus.

La mort nous fait quitter la vie terrestre, mais n'efface rien. L'homme est appelé à communier à l'éternelle présence divine avec toute sa chair, qui est son poids d'humanité. Ceci, non plus comme organisme biologique qui va vers la mort, mais bien avec un corps spirituel qui ne connaît pas la corruption. « *On est semé dans la faiblesse, on ressuscite dans la force ; on est semé corps psychique, on ressuscite corps spirituel*[1]. »

## *La grâce tactile*

La Réforme protestante est marquée par ses origines. En ce XVIe siècle, les bourgeois d'Occident accèdent au verbe et à l'écrit. La pensée de Luther (1483-1546) n'aurait pu triompher au Moyen Âge. Centrer la foi chrétienne sur la lecture de la Bible, n'aurait guère eu d'impact dans une société où si peu savaient lire. Insister sur la puissance de la parole divine, aurait eu peu d'écho dans un monde où les paroles humaines restaient frustres[2].

J'admire les chrétiens protestants pour leur recentrage sur l'essentiel : le Christ, son Évangile et la Grâce de la conversion. Toutes choses que nous autres catholiques, avons une propension à noyer dans un océan de prescriptions morales

(1) Première lettre de saint Paul aux Corinthiens, 15, 43-44.

(2) Le protestantisme des premières générations aura d'ailleurs peu d'impact sur le petit peuple paysan, davantage séduit par le radicalisme politico-religieux d'un Thomas Müntzer (1489-1525). Ce dernier méprisait Luther, qui le lui rendait bien.

ou disciplinaires. À leur contact, nous avons à réapprendre à contempler le cœur de notre foi.

Cependant, il y a un *hic*. Lorsque j'étais étudiant en Allemagne, j'ai rencontré un séminariste d'une quarantaine d'années. Il était né protestant et s'était marié. Puis, sa femme eut le cancer. Il se sentit démuni, car le protestantisme lui semblait pauvre en gestes pour dire et vivre chrétiennement l'expérience de la maladie. Une fois veuf, il se fit catholique et – n'ayant pas eu d'enfants – souhaita devenir prêtre.

Cette rencontre m'a fait réfléchir. Je suis d'avis que la Réforme pèche par l'abandon d'une bonne part de la dimension tactile, voire même sensuelle, de la foi chrétienne telle qu'elle est vécue dans les sacrements. Si nombre de protestants oscillent entre cérébralisme (tentation de développer une théologie ultrarationnelle dans certaines Églises) et fondamentalisme (risque d'exaltation mystique auprès de nombre de chrétiens évangélistes), c'est sans doute aussi parce qu'une fois le baptême reçu, les gestes sensibles pour dire et vivre la grâce de Dieu leur font défaut.

L'avertissement protestant doit être entendu. Aucun rite ne peut être investi d'une vertu magique, comme si l'homme « achetait Dieu » par sa pratique. Un tel risque existe, mais cela ne suffit pas pour disqualifier toute célébration sacramentelle. Celle-ci donne de vivre la rencontre spirituelle avec le Christ autrement que par les mots de la prière solitaire ou collective. Dans le rite, c'est la puissance des symboles qui parle au cœur[1].

---

(1) J'ai développé ce propos dans : *Du temps où j'allais à la Messe,* Namur, éd. Fidélité, 2004, pp. 20-21.

Le christianisme ne peut faire l'impasse sur sa dimension tactile. Mieux scolarisé qu'au Moyen Âge, l'homme du XXI$^{e}$ siècle n'en fonctionne pas moins davantage par symboles que par concepts. Les publicitaires le savent bien : ils n'essaient pas tant de convaincre le consommateur pas des arguments rationnels, que de le séduire par une ambiance. Il en va de même pour la foi. Ce ne sont pas avant tout les arguments rationnels qui convertissent, mais le ravissement du cœur.

Afin de ne pas finir en feu de paille, une expérience spirituelle doit s'enraciner. Pour faire mûrir la foi, il y a tout d'abord la prière, cette mise en écoute du cœur de l'homme qui s'ouvre à la présence de son Dieu. Comme je le disais plus haut, « prier » c'est perdre du temps avec Dieu sans attendre de bénéfices en retour. La prière ne m'obtiendra que rarement la guérison d'un être cher et certainement pas de réussir mes examens scolaires (surtout si je n'ai pas étudié). Elle ne me rendra pas meilleur ou ne me délivrera pas de mes penchants mauvais… Sa seule vertu est d'ancrer ma vie un peu plus en Dieu. « C'est le temps que tu as perdu pour ta rose qui la rend unique », disait le renard au Petit Prince. De même, c'est le temps que j'ai perdu avec Dieu qui le rendra davantage « mon » Dieu. C'est tout. La prière est l'« expérience du désert » – dont je parlais au chapitre premier – vécue au cœur du quotidien.

La prière suffit à la vie de foi, comme la tranche de pain sec nourrit l'homme. Pour profiter du goût du pain, un peu de beurre et de confiture sont les bienvenus. Il en va de même dans la vie religieuse. La prière seule est austère. Comme toutes les grandes expériences humaines – l'amour, l'amitié, la vie politique, la guerre et la paix… – une croyance religieuse se célèbre par des rites.

Le rite est connaturel au christianisme, religion d'un Dieu qui rejoint l'humanité. En effet, les hommes communiquent moins avec des mots que par symboles. La réalité des médias le confirme. Pour bien passer à la télé, il ne suffit pas d'avoir raison. Comme plus de la moitié du message est non verbal, il faut surtout que la voix soit posée et l'expression du visage avenante. Dans la vie ordinaire, il en va de même. Il y a autant de manières de dire « bonjour » à quelqu'un que de messages à faire passer. La vie est émaillée de symboles, codes et conventions. Saluer quelqu'un, rencontrer un client, souhaiter un anniversaire, déclarer sa flamme, vivre un deuil... toutes sortes de démarches où le non verbal l'emporte à bien des égards sur les mots.

Il en est ainsi dans le domaine de la foi : de la croix dont on se signe, à la bougie qu'on allume, en passant par le chapelet que l'on égrène, la vie chrétienne passe davantage par des gestes que par des mots. Quand le croyant n'est pas ce qu'on appelle « un intellectuel » – soit quelqu'un qui maîtrise le conceptuel – c'est encore davantage vrai. J'ai rencontré tant de gens simples, bien incapables de me dire qui était Jésus pour eux, mais vivant au travers de rites leur foi chrétienne avec une réelle profondeur.

C'est ici que s'ancre la vie sacramentelle. Un sacrement est une expression sensible de la grâce. Il s'agit d'un rendez-vous spirituel qui me donne de communier à l'amour du Christ, en le célébrant par un acte symbolique. Chaque célébration sacramentelle est une rencontre rituelle, où l'Esprit m'offre de croiser dans la foi le chemin de Jésus-Christ.

Les sacrements sont au nombre de sept, chiffre symbolique de la plénitude. Chacun d'entre eux nous rejoint à sa manière dans le concret de notre vie, afin de nous rendre plus *christophores*, c'est-à-dire porteurs du Christ.

### *Baptême et confirmation*

Le premier des sept sacrements est le *baptême*. C'est aussi le plus œcuménique de tous, car commun aux catholiques, orthodoxes et protestants.

Qu'apporte le baptême ? Non pas un ticket d'entrée pour le paradis, car le Dieu des chrétiens accueille tout homme dans son amour.

Par le bain du baptême, l'homme est plongé spirituellement dans la vie, la mort et la résurrection du Christ. Il a pour vocation de devenir *christophore* – porteur du Christ. Sur le baptisé, l'Esprit de Jésus repose pour l'inspirer.

Un baptisé n'est pas quelqu'un de « protégé », comme si des fées s'étaient penchées sur son berceau. Si c'était le cas, cela se saurait et tout le monde demanderait le baptême. Non, le baptisé endure la condition humaine sans passe-droit, ni privilèges. Cependant, la souffrance et l'échec ne sont jamais pour lui une impasse. Marqué du sceau de la résurrection de Jésus, le chrétien est signe que l'épreuve ou l'échec n'ont jamais le dernier mot.

La plupart des chrétiens sont baptisés à la naissance. D'aucuns critiquent cette pratique, en alléguant que cela n'a guère de sens de recevoir un sacrement avant d'avoir la foi consciente. La question mérite réflexion, mais il faut garder à l'esprit qu'un enfant reçoit tant d'autres choses avant d'en être conscient. Qui d'entre nous a choisi sa langue maternelle, son éducation, sa première école ? Ce sont les parents qui en décident, en lieu et place de l'enfant. Dès lors, pourquoi s'étonner que des chrétiens demandent que leur enfant grandisse comme membre de l'Église ?

Le baptême est conféré au tout-petit tel un cadeau. Celui qui le reçoit conserve sa liberté d'ouvrir ou non le présent qui lui est fait. Certains se contenteront de regarder l'emballage. D'autres refermeront le paquet après l'avoir entrouvert, car ils sont déçus par son contenu, en espéraient autre chose, ou encore sont absorbés par les choses de la vie. Ce sont des gens qui disent « j'ai été baptisé » comme d'autres disent « j'ai été marié » ou encore « j'ai fait du tennis ». C'est une affaire classée. D'autres, enfin, disent : « Je suis baptisé. » Ce cadeau les aide à vivre et ils partagent celui-ci avec leur entourage.

> « *Il disait : "Voici que le semeur est sorti pour semer. Et comme il semait des grains sont tombés au bord du chemin, et les oiseaux sont venus tout manger. D'autres sont tombés sur les endroits rocheux où ils n'avaient pas beaucoup de terre, et aussitôt ils ont levé* [...] *mais une fois le soleil levé, ils ont été brûlés et, faute de racine, se sont desséchés. D'autres sont tombés sur les épines, et les épines ont monté et les ont étouffés. D'autres sont tombés sur la bonne terre et ont donné du fruit, l'un cent, l'autre soixante, l'autre trente. Entende qui a des oreilles*[1] *!"* »

Vivre sa vie sous le signe du Christ est une chose, devenir un témoin actif du Ressuscité en est une autre. La *confirmation* est le sacrement à l'occasion duquel l'Esprit insuffle ses dons pour faire du baptisé un apôtre.

Si recevoir la foi est un cadeau, témoigner de celle-ci est une mission. Un confirmé est appelé à ne pas se contenter de

(1) Matthieu 13, 3-9.

bénéficier de la grâce d'être chrétien, mais à devenir acteur de l'Évangile. Pour ce faire, il doit trouver sa place dans l'Église et y prendre – selon ses qualités et son état de vie – une part active au service de Dieu et des hommes.

Telle fut l'expérience de Pentecôte des apôtres[1]. Jusque-là, ils s'étaient mis à l'école du Christ. Désormais, ils reçurent la force de l'Esprit pour aller de par le monde, annoncer la Bonne Nouvelle.

### *Eucharistie*

La prière n'est pas qu'individuelle, mais aussi communautaire. La prière d'Église par excellence se vit le dimanche[2], jour mémoire de la résurrection du Sauveur. Les chrétiens sont alors invités à se rassembler pour écouter la parole du Christ, faire mémoire de son amour pour nous et communier à sa présence. C'est ce qu'on appelle le sacrement de l'*Eucharistie*, plus communément appelé « la messe ». Les chrétiens catholiques et orthodoxes croient que le Ressuscité se rend réellement présent dans chaque eucharistie, sous les espèces du pain et du vin consacrés.

Comment comprendre que le Christ soit dans une petite hostie… un « bête petit morceau de pain » ? Certainement pas à l'aide d'un cours de chimie. La messe n'est pas un tour de passe-passe qui « transforme » le pain en Corps du Christ[3].

(1) Actes des Apôtres 2, 1-13.

(2) L'Eucharistie se célèbre tous les jours, mais celle du dimanche a une signification toute particulière.

(3) Ainsi, la formule fétiche des magiciens anglo-saxons n'est pas « abracadabra », mais *hocus pocus* qui est la contraction de la formule latine

L'expérience chrétienne est celle d'un Dieu qui rejoint l'homme dans le concret de sa vie. Quoi de plus concret que la nourriture ? Chacun de nous a besoin de se nourrir pour vivre. L'Eucharistie utilise le langage symbolique du repas pour nous nourrir de la présence du Christ. Dans chaque Eucharistie, Dieu nous nourrit de ce qu'il a de plus précieux : le don que, sur la croix, Jésus fait de Sa vie par amour pour les hommes. Voilà pourquoi, l'Esprit investit les hosties consacrées de la présence du Crucifié ressuscité. Ce n'est pas facile à comprendre avec l'intelligence conceptuelle, mais pour l'intelligence du cœur, je pense que cela fait sens[1].

Comment expliquer que la pratique dominicale de l'Eucharistie soit en chute libre ? Dans une société où beaucoup sont surchargés, la messe semble une activité bien répétitive et insipide. Une majorité de chrétiens choisit d'utiliser de manière plus profitable ses trop rares loisirs dominicaux. Ils n'ont pas tort dans leur analyse. L'Eucharistie est un pauvre *show.* Cependant, son objectif n'est pas tant de divertir que de nourrir.

Aux louveteaux de mon ancienne paroisse, je posais la question suivante : « À votre avis, est-ce que moi qui suis votre aumônier, je préfère célébrer l'Eucharistie ou aller voir le dernier film de James Bond ? » Ils savaient tous que j'aime beaucoup James Bond et me regardaient donc un peu intrigués. Finalement, l'un d'entre eux finit par dire, avec un petit sourire en coin :

---

de consécration eucharistique chez les catholiques : *hoc est corpus.* Une preuve qu'à l'époque des querelles religieuses entre chrétiens, les protestants raillaient la conception catholique de l'Eucharistie comme étant magique.

(1) Cf. *Du temps où j'allais à la Messe*, *op. cit.*, pp. 27-28.

« À mon avis, tu préfères aller voir le nouveau James Bond. » Et je lui disais qu'il avait bien raison.

Je confesse que je préfère de loin voir un bon divertissement plutôt que de célébrer la messe. « Cependant », ajoutai-je, « un bon film, j'irai le voir au cinéma une fois… exceptionnellement deux fois. Jamais trois. En revanche, l'Eucharistie je la célèbre à peu près tous les jours et ne m'en lasse pas. Elle me fait vivre. » Dans la vie, les choses les plus divertissantes ne sont pas nécessairement les plus nourrissantes.

## *Sacrement du pardon et des malades*

Même conscient de son baptême et de sa confirmation, voire assidu à l'Eucharistie, un chrétien découvre qu'il est ardu le sentier de la sainteté. Tous, nous avons du mal à aimer et à nous laisser aimer. Le masque de Tartuffe nous colle à la peau et une partie importante de notre vie, se vit sous le mode de la parodie.

D'où l'importance de demander pardon à Dieu, afin de recevoir la force de repartir avec un surcroît de vérité intérieure. Demander pardon se fait dans la prière, ainsi qu'au début de chaque Eucharistie (quand les chrétiens prient « Seigneur, prends pitié »). Cependant, il existe également un *sacrement du pardon*, appelé encore « confession ».

Ce sacrement fait peur et beaucoup de chrétiens préfèrent ne plus le fréquenter. « Qu'est-ce que je vais bien pouvoir aller raconter au curé ? Et puis, cela ne le regarde pas ! » Pareille réaction est compréhensible. La démarche est exigeante et, de plus, un passé récent avait tendance à travestir la confession en tribunal du sexe buissonnier. Enfin, certains jugent que les psychologues rendent cette démarche sacramentelle inutile. Avec une formation professionnelle autrement plus adéquate, ceux-ci reçoivent les âmes en peine et les libèrent de leurs sentiments de culpabilité.

Mélanger travail psychologique et accompagnement spirituel, est une confusion dangereuse, même si le confesseur joue toujours un peu au psy et si le psy tient immanquablement quelque part lieu de confesseur. Cependant, les deux démarches ne sont pas identiques. Un travail psychologique est là pour apporter à l'humain un certain confort mental. Le psy aide à mieux vivre les choses, mais ne contribue pas à trouver un sens à la vie. Tel est le rôle de l'accompagnateur spirituel. Si le « psy » améliore le bien-être mental, le « spi » aide à chercher le bonheur. Il est préférable que le travail du psy se situe dans le cadre d'un rapport professionnel et soit donc rémunéré. Il vaut en général mieux que celui du spi se place sous le signe du service gratuit.

Quoi qu'il en soit, chercher à convaincre de l'utilité de la confession ne sert à rien. Je puis seulement témoigner que cela m'aide de vivre le sacrement du pardon, soit quand j'ai l'impression d'avoir fait quelque chose de franchement moche, soit à l'occasion de temps forts dans l'année chrétienne, tels l'avent ou le carême. En me confessant, je viens déposer au pied du prêtre – qui à ce moment précis représente le Christ – mon « paquet d'ombre » et dans la foi, j'entends par ses lèvres Dieu me dire : « Relève-toi. C'est là où tu te sens le moins chrétien que je t'aime le plus et que je veux te donner la force de mon Esprit. *Car je ne suis pas venu pour les justes, mais pour les pécheurs*[1]. »

(1) Matthieu 9, 13.

Une vie d'homme est émaillée de crises. Outre le péché, il y a aussi la maladie, le handicap ou tout simplement de la vieillesse. Pour ces situations douloureuses et humiliantes existe également un sacrement, le *sacrement des malades*.

L'Église en avait fait des siècles durant une « extrême-onction », administrée à l'agonisant comme viatique pour son dernier voyage. Le sens originel du sacrement est ailleurs. L'onction des malades retrouve toute sa pertinence dans notre société qui fait l'éloge de la santé et de l'éternelle jeunesse. Il s'agit de rappeler que notre vie biologique va vers sa ruine et que la maladie ou les rides en sont les signes annonciateurs.

« Quand la santé va, tout va », dit la sagesse populaire. Aux yeux du monde, le naufrage du corps est un aveu d'impuissance et une expérience d'échec. Aux yeux de la foi, il s'agit d'une crise – crucifiante certes – mais qui peut devenir l'occasion d'un chemin spirituel. Dans le sacrement des malades, le chrétien est fortifié spirituellement par le Christ qui a connu la souffrance et vient rejoindre l'homme dans sa blessure et son désarroi.

### *Mariage et ordination*

Quand un homme et une femme, libres de tous liens, décident d'unir leur vie pour fonder un foyer, l'Église voit dans cette union un lieu privilégié qui dit l'amour de Dieu. C'est pourquoi, quand il s'agit de deux chrétiens, ils célèbrent ce faisant un sacrement, le *sacrement du mariage*. Dieu bénit[1] leur amour et le couple reçoit pour mission chrétienne de faire de leur affection mutuelle un signe de l'Amour divin envers les hommes.

(1) « Bénir » signifie littéralement « en dire du bien ».

En vivant les joies et les peines du quotidien, les époux chrétiens signifient concrètement qui est Dieu. Ils le font, non seulement envers leurs enfants, mais aussi vis-à-vis de tous ceux qui croisent leur route. Rencontrer un couple qui s'aime sans masque ni flonflon, en apprend parfois plus sur Dieu que tous les sermons de la terre.

Enfin, il y a le sacrement, conféré à ceux qui sont appelés à être pasteurs du peuple chrétien : les évêques, les prêtres et les diacres. Pour exercer cette mission particulière, ils reçoivent le *sacrement de l'ordre*, qui fait d'eux des signes vivants du seul Pasteur véritable, le Christ.

Le profil psychologique des jeunes gens, qui se sentent appelés à devenir prêtre, n'est pas anodin. Ils ont bien souvent été des adolescents plus sérieux que la moyenne et un peu mal dans leur peau. C'est pourquoi, tant de braves gens concluent qu'ils sont entrés au séminaire par fuite de la réalité. Sans doute est-ce un peu vrai, mais il y a davantage. Ces jeunes-là semblent bizarres, car ils sont plus sensibles que le commun à la dimension spirituelle de l'existence. Très tôt, ils se posent des questions que leurs congénères n'auront dans le cœur qu'une fois advenu l'automne de leur vie : quel est le sens de la vie ? Pourquoi le mal, le bien, la souffrance et la mort ?

Ces jeunes hommes ressemblent à l'albatros. Sur terre, le grand oiseau marin ressemble à un dindon maladroit. Ce n'est que quand il a pris son envol, que se déploient toute son agilité et sa majesté. Ainsi sont bien des membres du clergé, pour le meilleur et pour le pire. Par rapport aux choses terrestres, ils semblent un peu paumés. Une fois que les enjeux s'élèvent, ils deviennent une source d'inspiration pour beaucoup.

Au XVI^e siècle, le concile de Trente a mis en œuvre une réforme nécessaire du clergé. Celle-ci a cependant engendré comme « dégât collatéral » de présenter l'ecclésiastique comme un être moins charnel que le commun des mortels. On m'a un jour raconté cette question naïve d'un petit garçon de nos campagnes : « Maman, est-ce que monsieur le curé va à la toilette comme nous ? » Réponse bien embarrassée de la brave dame : « Oui, mais moins souvent » ! En entendant cela, on sourit, mais l'anecdote illustre la charge symbolique que le peuple chrétien a fait peser sur ces hommes séparés du troupeau pour être un « autre Christ ». Si – en Jésus de Nazareth – Dieu s'est fait homme, ce n'est pas pour voir les hommes qui lui sont consacrés, dénigrer leur humanité et jouer aux anges.

Il est néanmoins vrai que le sacrement de l'ordre fait de celui qui en est marqué, un signe vivant de l'Église, parfois même bien malgré lui. Je me souviens de soirées passées comme aumônier des étudiants dans des cafés de jeunes. Quand je me faufilais à travers les tables pour aller commander des bières pour mes compagnons, je savais qu'en revenant à ma place cinq minutes plus tard, j'entendrais parler de religion à plus d'un endroit autour de moi. Le fait de reconnaître un prêtre dans un endroit aussi peu habituel, crée immanquablement chez beaucoup un déclic religieux. Là où passe le clerc, là se voit l'Église.

Beaucoup de chrétiens savent bien que leurs ecclésiastiques sont de pauvres pécheurs, en rien meilleurs que les autres humains. Pourtant, ils saisissent aussi – comme par instinct spirituel – que l'évêque, le prêtre, ou le diacre qui célèbre un sacrement, annonce la parole de Dieu ou dirige l'Église, est un signe. Par tout son être, le clerc signifie que l'Église ne reçoit pas sa vie de la bonne volonté additionnée de ses membres – tel un *service club* – mais bien du Christ qui rassemble son peuple. Avant que l'homme ne cherche Dieu, en Christ, Dieu a déjà trouvé l'homme. C'est cette logique de Dieu – cette *théo*[1]-*logique* – qui est manifestée par le sacrement de l'ordre. C'est entre autre pour cela qu'une paroisse n'élit pas son curé : il n'est pas l'émanation du peuple, mais – envoyé par l'évêque – il est signe du don de Dieu.

(1) *Theos* signifie « dieu » en grec.

# 5

# UN CHRISTIANISME SPIRITUELLEMENT FÉCOND

*Notre cinquième escale pose les pieds sur les rivages de l'Esprit et aborde la question centrale de ce livre : le christianisme est-il encore spirituellement fécond ? Sa spiritualité est-elle mortifère ou vivifiante ? L'adhésion au christianisme est-elle source d'aliénation mentale, ou chemin de liberté intérieure ?*

*Le Christ a dit :* « Tout arbre bon produit de bons fruits, tandis que l'arbre gâté produit de mauvais fruits[1]. » *À l'aube du XXI^e^ siècle, les fruits du christianisme doivent être sondés.*

(1) Matthieu 7, 17.

## *Le propre du chrétien*

« Ce n'est pas parce que vous êtes chrétiens, que vous êtes meilleurs que les autres ! » Qui d'entre nous n'a pas entendu pareille interpellation qui se veut provoquant ? La réponse va de soi : « Bien sûr que non ». Si les chrétiens étaient les champions d'une excellence morale, cela se saurait. Mais la foi en Christ n'assure pas automatiquement à celui qui l'accueille une plus grande patience, générosité, tempérance, etc.

Le christianisme n'a pas pour ambition première de nous changer, voire de nous reprogrammer, afin de nous rendre plus acceptable à nous-mêmes et aux autres. Vouloir faire de l'Église un refuge pour une élite plus spirituelle que le commun des mortels est une tentation. Le fantasme du surhomme chrétien est étranger à l'Évangile et doit être combattu[1].

Si une vie spirituelle authentique peut guérir des blessures psychologiques et encourager la culture des vertus, jamais elle ne transforme la nature profonde d'un homme. Le Christ n'est pas un médicament. Il n'est pas venu pour changer l'humanité, mais afin de la convertir. Le travail de l'Esprit sur une âme n'est pas chirurgical. Il est homéopathique. Il n'extirpe pas les vices comme d'autres enlèvent une tumeur. Par ses vertus, il restaure lentement l'unité profonde de la personne.

La tradition chrétienne nomme celles-ci, les *vertus théologales*, soit la foi, l'espérance et la charité. La conversion chrétienne devient effective par la lente intégration de cette triple dynamique. Elle ne change pas notre nature, mais l'harmonise

(1) Cf. *L'Église de Judas, op. cit.*, pp. 74 et suiv.

et l'unifie en intégrant jusqu'à nos blessures, dans la mise au monde de notre identité spirituelle.

*Foi, espérance, charité.* Que se cache-t-il derrière ces trois mots ? De quoi s'agit-il ?

Comme je l'ai écrit au chapitre précédant, la *foi* comme vertu théologale n'est pas une affaire de conviction métaphysique du genre : « Je crois que Dieu existe… » On peut, en effet, croire en l'existence de Dieu et néanmoins le haïr.

Non, la foi qui permet d'affirmer : « Je crois en Dieu », est une intuition spirituelle. Celle-ci donne de reconnaître que ce n'est pas un hasard aveugle qui enfante le monde. Une Providence discrète et amoureuse y réside. Cette Présence créatrice me concerne. Depuis l'instant de ma conception, ma vie est précieuse aux yeux de Dieu. Il veut faire alliance avec moi. C'est la foi qui permet de s'appliquer les paroles entendues par le prophète Jérémie :

> « *Avant même de te former au ventre maternel, je t'ai connu ; avant même que tu sois sorti du sein, je t'ai consacré*[1]. »

Par la foi, le destin d'un homme se transforme en une invitation à entrer en alliance. Tout événement du passé – même le plus stupide ou le plus sordide – n'est pas pur gâchis, car une Présence d'amour l'habite. Jusqu'à Auschwitz – au cœur de l'absurde bestial – Dieu avait dressé sa tente.

Après la foi, vient l'*espérance.* L'espérance n'est pas un pari frileux sur mon avenir en particulier ou celui de l'humanité en général. Dire : « J'espère que tout ira bien et finira pour un

(1) Jérémie 1, 5.

mieux », est courir le risque de vivre éternellement déçu. La vie n'a rien d'un conte de fées et le Dieu de Jésus n'est pas ce grand et gentil magicien qui arrange nos bidons pourvu qu'on ait trouvé le moyen d'attirer son attention et d'obtenir ses bonnes grâces.

Non, l'espérance est le regard de la foi, tourné vers ce qui n'est pas encore, vers l'avenir. Elle est cette conviction surnaturelle que, quoi qu'il arrive, l'amour de Dieu sera plus fort. C'est l'espérance qui permet de dire avec saint Paul :

> « *Oui, j'en ai l'assurance, ni mort, ni vie, ni anges, ni principautés, ni présent, ni avenir, ni puissance, ni hauteur, ni profondeur, ni aucune autre créature ne pourra nous séparer de l'amour de Dieu manifesté dans le Christ Jésus notre Seigneur*[1]. »

L'espérance est la vertu théologale qui permet de voir en tout événement – joyeux ou douloureux – un possible engendrement. Un tel enfantement se fait souvent dans les larmes, mais il s'agit néanmoins d'une vie en germination. L'espérance donne de regarder le monde avec lucidité, mais guérit de la tentation du cynisme. Chaque personne, événement ou objet, devient promesse. Avec l'espérance, je vois les choses telles qu'elles sont, mais simultanément aussi telles qu'elles pourraient devenir sous le souffle de l'Esprit.

La *charité* – troisième vertu théologale après la foi et l'espérance – n'a, quant à elle, rien à voir avec la caricature du « gentil chrétien », un boy-scout ayant mal vieilli, ou encore une personne « tout bien comme il faut » qui – du haut de sa

(1) Lettre de saint Paul aux Romains 8, 38.

vertu – saupoudre ses bienfaits sur quelques pauvres de son choix. La charité est au présent ce que la foi est au passé et l'espérance à l'avenir. Elle est ce don d'En haut qui me donne de dépasser mes limites et frustrations, pour aimer dans le concret de l'instant à la démesure de Dieu. Puisque la vie est une invitation à l'alliance (foi) et une promesse d'engendrement (l'espérance), faisons de chaque moment une présence d'amour.

Évidemment, il y a des gens que j'aime plus que d'autres et des situations qui me sont désagréables, mais la charité transfigure ces expériences en leur donnant pour cadre de référence, non pas mes petites certitudes humaines, mais l'amour du Christ. Et cela renverse plus d'une perspective :

> « *Quelqu'un te donne-t-il un soufflet sur la joue droite, tends-lui encore l'autre ; veut-il te faire un procès et prendre ta tunique, laisse-lui même ton manteau ; te requiert-il pour une course d'un mille, fais-en deux avec lui* [...] *Aimez vos ennemis et priez pour vos persécuteurs afin de devenir fils de votre Père qui est aux cieux*[1]. »

Ces paroles sont tout sauf mièvres. Osons même les qualifier de scandaleuses, dans le sens étymologique de « pierre d'achoppement ». Rares sont les hommes – même chrétiens convaincus – qui arrivent à les vivre au pied de la lettre. Mais à celui qui les laisse résonner dans son cœur, elles ouvrent un horizon quant à la manière d'aborder les défis de la vie. Heureux celui qui les accueille. Il deviendra, petit à petit, fils du Royaume.

(1) Matthieu 5, 39-45.

En quoi les trois vertus théologales – la foi, l'espérance et la charité – colorient-elles la vie concrète des chrétiens ? Et en quoi sont-elles une réponse adéquate aux défis spirituels de notre époque ? Les sections qui suivent sont une tentative de réponse à ces questions.

## *La Foi*

### *Compétitivité plutôt que sainteté*

À l'époque de nos grands-mères, le bon peuple était invité à poursuivre l'idéal de la sainteté. Pour y parvenir, des pratiques, comme le jeûne, l'ascèse et le recours régulier à un confesseur, étaient considérées comme normales. Les temps ont bien changé et, hormis un petit reste de fervents, la plupart de nos contemporains regardent ces comportements avec suspicion, voire dédain.

Si l'homme occidental s'est libéré de l'emprise cléricale et d'une foi volontariste, c'est pour se jeter dans les bras d'une autre église, celle du marché économique. L'idéal spirituel de « sainteté » y a été supplanté par l'objectif profane de « compétitivité ». Il ne s'agit plus tant de collectionner les grâces spirituelles que d'être *in*, dans le coup.

Les statues de saints en plâtre qu'admiraient nos grands-mères ont été remplacées par les photos de stars, ornant les couvertures de magazines *people*. Ce n'est plus l'idéal du retour à l'enfance spirituelle qui est chéri, mais celui de l'éternelle jeunesse (ce qui fait la fortune des cosmétiques), de la beauté sans faille (les mensurations de certains mannequins hantent les nuits de nos adolescentes anorexiques), de la totale adaptation au marché (et tant pis pour le nombre croissant d'exclus du système), du gain de temps par la technique (comment vivre sans téléphone ou ordinateur portables ?) dans une société où le stress est roi et où chacun soupire : « On n'a plus le temps de vivre. »

Loin de moi l'idée de crier haro sur ce monde qui est le mien et dont je profite pleinement. Mon seul objectif est de montrer que le mythe moderne de la compétitivité n'a rien à envier en contrainte à celui de la sainteté. Si je proposais à mes paroissiennes de retrouver la discipline d'antan en matière de jeûne alimentaire, je me ferais taxer de dangereux intégriste. En revanche, quand c'est le diététicien qui leur prescrit un régime alimentaire bien plus sévère encore, afin de leur faire retrouver une taille de mannequin, cela paraît tout à fait sain. Si je me vantais de pratiquer la mortification corporelle, je serais regardé comme un fanatique aux relents masochistes. En revanche, en mortifiant ce corps par des heures de *fitness*, je passerai pour un prêtre branché. Si je raconte que je vais voir mon confesseur tous les 15 jours, on verra en moi un être rongé de scrupules et incapable de prendre sa vie en main. En revanche, la décision de suivre, deux fois par mois, une psychanalyse en vue d'être au point avec moi-même, sera jugée courageuse et lucide.

Nos repères sociaux ont évolué, mais l'homme est resté le même. C'est dans son intérêt de ne pas l'oublier. En effet, sans un minimum de recul face au mythe de la compétitivité, nous risquons tous de passer notre vie rongée de frustrations. Jamais assez adapté pour être dans le coup, beau pour plaire, jeune pour séduire, *cool* pour être relax et performant pour être le meilleur, l'homme moderne vit sa vie comme on court derrière un train. Celui-ci démarre sans attendre et beaucoup le regardent – rageurs – s'éloigner de plus en plus vite, alors qu'ils restent là, plantés sur le quai de la gare, deux valises sous les bras.

L'homme d'aujourd'hui ne croule plus sous la culpabilité de ne pas se sentir assez saint, mais son remords a pris une autre apparence : la peur de devenir un *loser*. Comme les choses bougent en s'accélérant, beaucoup vivent avec le sentiment d'avoir perdu le rythme. Et cela fait mal. Le couperet de la compétitivité n'a rien à envier en sévérité aux sermons de carêmes des prédicateurs d'antan.

## *Babel et Pentecôte*

Certaines religions nouvelles – ou sectes nouvelles, je ne souhaite pas ici me prononcer – répondent à merveille aux exigences du monde moderne, en offrant à leurs adeptes des techniques pour devenir un *winner*, capable de maximaliser leurs potentialités sociales. Je crois ne pas être injuste en affirmant que telle est la démarche de la scientologie. Le christianisme propose un chemin spirituel qui lui est diamétralement opposé.

Dans un même ordre d'idée, j'invite certains chrétiens évangélistes ou charismatiques à la prudence quand ils font des séances de guérisons. Oui, la foi peut guérir les cœurs, mais à condition de ne pas renverser les perspectives. On n'aime pas Dieu pour être guéri. On est guéri en accueillant l'amour de Dieu. La ferveur chrétienne n'a pas pour mission de nous soigner du poids de notre humanité.

Dans la Genèse – premier livre de la Bible – l'histoire de la tour de Babel raconte sous forme de mythe le drame de la compétitivité[1]. Les hommes ont décidé de se construire une

(1) Genèse 11, 1-9.

tour qui relie la terre aux cieux. Le Très-Haut ne l'entend pas de cette oreille et brouille les langues humaines, afin de semer une pagaille qui disperse les ouvriers. Certains jugeront que ce n'est pas très sympathique de la part de Dieu d'avoir fait preuve d'une telle jalousie, mais il s'agit ici d'un mythe d'origine païenne. Cependant, ce récit nous parle : quand l'homme s'élève aux cieux, il en perd le sens de la communication. Le seul langage qu'il utilise encore est celui du rapport de force.

Au mythe de Babel répond le récit de la Pentecôte, tel que rapporté au début du livre des Actes des Apôtres[1]. L'auteur y décrit – d'une manière sans doute concentrée – l'effusion de l'Esprit sur les premiers disciples du Christ, qui fit de ces hommes timorés des missionnaires intrépides. La Pentecôte se présente comme un anti-Babel : ce ne sont pas les hommes qui s'élèvent vers le ciel, mais l'Esprit qui descend sur eux. Ce ne sont plus les langues qui sont brouillées, mais les apôtres qui se font comprendre du monde entier.

Il ne convient pas aux fils d'Adam de devenir des surhommes (Babel). Il s'agit pour eux de garder les pieds sur terre en accueillant, là où ils sont, les Dons de l'Esprit (Pentecôte). Alors, l'homme commence à parler un langage qui simplifie tout et qui est compris de chacun. En effet, le langage de l'Esprit est d'une simplicité absolue. C'est nous qui compliquons tout.

Le christianisme, religion de l'incarnation, c'est la Pentecôte contre Babel. Pour nous dévoiler intégralement qui il est, Dieu s'est fait homme. Ce faisant, il nous révèle que ce n'est

(1) Actes 2, 1-13.

pas en s'échappant de la condition humaine que l'on trouve le Royaume, mais en assumant celle-ci.

Face au mythe moderne de la compétitivité qui, à la manière de Babel, tend l'homme contemporain comme on tend un élastique… jusqu'à ce qu'il casse, l'Esprit de Pentecôte nous ramène à notre finitude. Il ne nous crie pas : « Sois éternellement beau, jeune, riche et… bronzé ! », mais murmure à notre cœur : « Accueille la vie telle qu'elle s'offre à toi, avec ton âge, ta condition sociale, tes atouts et limites : de tout cela tu peux faire une œuvre d'amour. »

*S'incarner*

Comme je le disais plus haut, la vertu théologale de la foi donne de relire toute vie comme une alliance. Depuis le moment de ma conception, Dieu marche avec moi. Sous son regard je suis unique et précieux. À ses yeux, l'homme que je rêve d'être ou que je regrette de ne pas arriver à devenir, n'existe pas. Il n'est que le fruit de mon fantasme, des attentes de mon entourage et des modes. La seule personne, qui compte aux yeux de Dieu, est l'homme concret que je suis.

Se mettre à l'école de l'Esprit qui reposait en plénitude sur Jésus, implique d'arrêter de vivre dans l'éternel regret de cet homme que je ne serai jamais et d'apprendre à habiter avec foi, la vie de celui que je suis réellement. Bref, il s'agit de me réconcilier avec mon identité profonde. Alors advient l'authentique humilité. Est humble celui qui connaît l'argile dont il est façonné et apprend à ne plus se mentir.

Un authentique spirituel est un homme dont le regard est rivé vers le ciel, tout en gardant les deux pieds solidement plantés en terre. Les pieds sont, par excellence, les organes de l'incarnation. Ils sont notre « prise de terre ». Quand le Fils de l'homme « *ayant aimé les siens qui étaient dans le monde, les aima jusqu'au bout* »[1], il lave les pieds de ses disciples. Tant de nos contemporains ont du mal à percevoir la présence agissante de Dieu dans leur vie. Peut-être le cherchent-ils un peu trop dans les nuages. Pour le trouver, je leur conseille de regarder davantage vers le bas, c'est-à-dire vers leurs pieds…

Le premier fruit du christianisme est de nous ramener à notre incarnation. Si Dieu s'est fait homme en Jésus de Nazareth, c'est pour nous montrer que toute vie – même la plus insignifiante aux yeux du monde – est digne de Dieu. Heureux l'homme qui découvre ce secret, il obtiendra la clef des béatitudes que le Christ nous a léguées comme programme du Royaume de Dieu[2] :

Le Monde crie : « Heureux l'homme qui est riche de tout – argent, pouvoir, intelligence, beauté – tant de portes s'ouvriront à lui ! » Le Christ proclame : « Heureux l'homme – prince ou mendiant – dont le cœur reste pauvre, le dur chemin du Royaume est devant lui. »

Le Monde crie : « Heureux les plus performants, ils termineront en haut des échelles ! » Le Christ proclame : « Heureux les doux – les hommes à la force intérieure – ils obtiendront d'habiter la terre en hommes libres. »

Le Monde crie : « Heureux les cœurs blindés, on ne pourra les déstabiliser ! » Le Christ proclame : « Heureux le cœur qui saigne, il connaîtra la joie d'être consolé. »

---

(1) Jean 13, 1.

(2) Matthieu 5, 1-12.

Le Monde crie : « Heureux qui sent d'où vient le vent, il tirera profit de toute situation ! » Le Christ proclame : « Heureux qui a faim et soif d'un monde plus juste, cet appétit le fera grandir. »

Le Monde crie : « Heureux qui ne se laisse pas marcher sur les pieds, il sera respecté ! » Le Christ proclame : « Heureux qui ne juge pas son frère, il apprendra à se supporter. »

Le Monde crie : « Heureux le pragmatique, il est bien de son temps ! » Le Christ proclame : « Heureux le cœur pur, il verra la marque de l'Éternel en toute chose. »

Le Monde crie : « Heureux celui qui évite qu'on le dérange, il aura la paix ! » Le Christ proclame : « Heureux qui porte en son cœur la paix, on lira Dieu sur son visage. »

Le Monde crie : « Heureux celui qui a choisi le parti du plus fort, il ne sera pas inquiété ! » Le Christ proclame : « Heureux qui s'est mouillé pour la justice et en paie le terrible prix, le dur chemin du Royaume est devant lui. »

Le Monde crie : « Heureux êtes-vous si vous êtes conformes aux modes et attentes, on ne dira que du bien de vous ! » Le Christ proclame : « Heureux serez-vous si le brasier de l'Évangile vous a compromis aux yeux des hommes, qu'on vous raille et vous traite de ringard ou d'illuminé. Réjouissez-vous, soyez dans l'allégresse, vous connaissez le prix de la sainteté. »

Il y a deux logiques : celle du Monde et celle de Dieu. Elles ne sont même pas contradictoires. Elles appartiennent à un ordre différent. La logique du monde invite à la réussite ; celle de Dieu à la sainteté.

Tout nous pousse à vivre selon la logique du Monde, car c'est celle de « tout-le-monde ». Elle a pour alibi : « Tout le monde agit ainsi – pense ainsi – vit ainsi ! » Mais « tout le monde » n'a pas de visage. Au bout du compte, « tout le monde » n'est plus personne.

L'Esprit qu'on appelle « Saint », nous invite à vivre selon la logique de Dieu. Heureux ces visages canonisés ou anonymes qui osent ce chemin de feu, ils forment la communion des saints, qui vivifie notre monde en quête du Royaume.

La logique de l'incarnation donne de comprendre que les saints ne sont pas faits d'un autre bois que le commun des mortels. Ils sont tout sauf des espèces de demi-dieux, flottant au-dessus de la condition humaine. Les gens « hors du commun » ou « extraordinaires », n'existent pas[1]. Seuls les saints existent. Ce sont des êtres tout à fait « ordinaires », mais vivant chaque instant habité d'une plénitude. Telle est la marque de l'Esprit. Au lieu d'être tiraillé entre ambitions et regrets, le saint habite sa vie et cela lui procure la paix intérieure. « *Je vous laisse la paix ; c'est ma paix que je vous donne ; je ne vous la donne pas comme le monde la donne*[2]. »

Pareille paix ne se confond pas avec l'idéal bouddhique, qui est de parvenir à la quiétude d'un cœur empreint de compassion, mais détaché de toute passion au milieu de ce monde qui passe. Le Christ n'est pas un maître zen : il se met en colère, pleure,

(1) Certains destins sont hors normes, mais cela n'est pas la même chose. Churchill est pour moi l'homme le plus important du XX$^{e}$ siècle, mais sans l'horreur du défi nazi, il serait sans doute demeuré un obscur politicien, nostalgique de la grandeur victorienne.

(2) Jean 14, 27.

ressent l'amitié et vit le découragement. Bref, il assume pleinement sa condition charnelle : « *Vient le Fils de l'homme, mangeant et buvant, et l'on dit : Voilà un glouton et un ivrogne*[1] *!* » La paix du Christ est offerte à celui qui vit toute sa vie sous le signe de l'alliance. Alors, chaque petite semence d'amour – même aux heures les plus sombres – porte sa moisson d'éternité.

L'homme qui accueille l'Esprit, entre dans la logique des Béatitudes. Je le disais plus haut[2] : il ne s'agit pas pour la cause de devenir *jésuïste*, soit des copies conformes de Jésus de Nazareth. Son humanité n'est pas la nôtre. Il s'agit de devenir *chrétien*, en laissant l'Esprit du Christ inspirer notre vie concrète, afin que toute notre humanité devienne « christique ». C'est dans cette optique que saint Paul écrivait :

« *Ce n'est plus moi qui vit, mais le Christ qui vit en moi. Ma vie présente dans la chair, je la vis dans la foi au Fils de Dieu qui m'a aimé et s'est livré pour moi*[3]. »

## *Une femme*

Les chrétiens catholiques et orthodoxes voient en Marie le modèle accompli de la sainteté, parce que la vie de celle qui donna un corps au Verbe de Dieu est un modèle d'incarnation. Marie n'a pas « fait » grand-chose. Par rapport à François d'Assise ou mère Teresa de Calcutta, la vie de cette petite juive de Nazareth est même passablement terne. Cependant, la sainteté chrétienne n'est pas de l'ordre du faire, mais bien de l'être.

---

(1) Matthieu 11, 19.

(2) Voir chapitre 3.

(3) Lettre de saint Paul aux Galates 2, 20.

L'Église contemple en Marie celle qui par son « oui », a laissé toute son humanité être pétrie par l'Esprit de Dieu. La vie de Marie n'a été qu'un grand « oui ». Notre Dame est celle qui nous enseigne à dire « oui » à notre tour.

Marie est le prototype de la vie chrétienne ; celle qui nous montre par anticipation notre propre accomplissement. Marie est aussi la mère qui nous désigne son Fils. Elle invite à ne pas adorer un Christ fantasmé, mais à tourner notre vie vers le Dieu devenu humain, afin que son incarnation régénère la nôtre. Un pasteur protestant me disait un jour : « Pour nous protestants, Marie est un détour inutile pour aller vers le Christ. » Je lui répondis : « Pour nous catholiques, Marie est un raccourci. »

J'ajoute cependant, que les détracteurs de la grâce mariale au sein de l'Église sont souvent – et bien malgré eux – ces catholiques à la dévotion tapageuse.

Ne nous leurrons pas : le culte païen de la déesse-mère reste ancré dans l'inconscient religieux de nos civilisations. Draper la « servante du Seigneur » des attributs de Gaïa, la matrice cosmique, n'est pas rendre un bon service à la cause chrétienne. Sous le masque d'une certaine ferveur mariale, se cache un relent de paganisme. Quand elle se désincarne, la dévotion à Marie perd son ancrage chrétien.

## *L'Espérance*

### *Bien-être plutôt qu'état de grâce*

Notre société a remplacé l'idéal de sainteté par l'impératif de compétitivité. Elle a également détrôné l'exigence d'« état de grâce » par celle de « bien-être ». Si la religion de nos grands-mères présentait la sainteté comme le prix d'excellence du fidèle, l'état de grâce constituait ce minimum requis en dessous duquel on risquait d'être recalé au jugement dernier.

L'état de grâce est la condition du baptisé qui a gardé son âme de la souillure de péchés assez graves pour tuer en lui la vie de l'Esprit : les péchés mortels. Le sacrement de la confession était là pour donner une nouvelle chance aux contrevenants, d'autant plus nombreux que le XIXe siècle avait transformé l'Église en gardienne des vertus familiales. Dès lors, tous les péchés contre la chair – du plus solitaire au plus collectif – étaient automatiquement déclarés péchés mortels. Et comme chacun sait par expérience que la chair est faible, la confession se mua en grand *car-wash* du sexe buissonnier.

Ce puritanisme a engendré quelques névroses et explique l'allergie maladive de nos contemporains envers tout discours ecclésiastique sur la sexualité humaine, fût-ce pour rappeler de banales évidences. La révolution des mœurs de Mai 68, a balayé ce qui était perçu comme une tyrannie des consciences. Au diable le péché, surtout celui de la chair ! Que chacun vive dans le respect de l'ordre public et pour le reste selon les règles de sa conscience. Par-dessus tout, que tous profitent de la vie sans se laisser détourner du bonheur par des appels religieux au renoncement.

Le nouvel impératif moral qui régit notre monde est celui du bien-être : « Sois heureux, bien dans ta peau, en harmonie avec toi-même et donne-toi les moyens pour ce faire. » Les chemins du bonheur n'ont d'ailleurs jamais été aussi nombreux. Notre société ne connaît plus guère de barrières sociales, idéologiques, ou morales à la félicité. Nos grands-parents pouvaient justifier le fait d'être malheureux par des causes externes : « Je n'ai pas pu épouser celle que j'aimais, exercer la profession que je voulais, habiter là ou je me sentais chez moi… » Aujourd'hui, celui qui évoquerait de telles raisons pour justifier un mal-être se verrait sermonné par son entourage : « Tu étais libre de le faire. Sans doute, n'étais-tu pas assez à l'écoute de toi-même, ou n'as-tu pas eu le courage d'aller jusqu'au bout de ton désir ? »

« Fais ce que tu veux de ta vie, mais sois heureux. » Telle est l'injonction morale qui a remplacé celle de se maintenir en état de grâce. Paradoxalement, ce culte du bien-être aboutit à l'effet inverse. L'état de santé mentale de notre ultramodernité[1] n'est pas brillant et les psys en tous genres ne savent plus où donner de la tête[2].

Nous sommes passés des névroses causées par l'éducation puritaine de nos grands-mères, à un état de dépression larvée hautement contagieux. C'est le fameux *spleen* dont la jeunesse dorée des grandes villes européennes fut la première victime vers la fin du XIXe siècle. La modernité vante l'épanouissement et la jouissance – *carpe diem !* – mais tombe en panne quand il s'agit d'expliquer au nom de quel idéal l'homme se doit d'être heureux. « Ça, c'est une question personnelle. À chacun d'y répondre pour soi. » Facile à dire, pas si facile à assumer…

(1) Ce nom désigne la modernité qui a triomphé, au point qu'elle s'ouvre sur un nouveau monde. Celui-ci nous apparaît encore qu'une esquisse.

(2) D'ailleurs quand on a besoin d'un avis autorisé sur un sujet humain dans un *talk-show* télévisuel, les psychologues sont consultés comme prêtres du bien-être. Quand un ecclésiastique est également convié sur le plateau, c'est souvent à titre d'ajout… folklorique.

*Panne de sens*

Je le disais plus en amont : ce qui tue l'humanité en l'homme, c'est l'ennui d'exister. Quand le désir de vivre n'est plus alimenté par une curiosité qui le pousse à mener plus loin l'aventure, alors le cœur se dessèche et s'installe une mélancolie diffuse qui ternit jusqu'aux joies les plus naturelles. C'est ce que vivent beaucoup d'Occidentaux. Ayant de plus en plus jeunes et sans trop de contraintes accès aux plaisirs – confiseries, jouets, loisirs, alcool, sexualité – ils se retrouvent bien vite blasés et face à eux-mêmes. Parallèlement, la vie n'est un long fleuve tranquille que pour de rares privilégiés. Crise économique et mythe de la compétitivité obligent, il s'agit de constamment se surpasser pour conserver son pouvoir d'achat. Vient alors immanquablement la question qui fait mal : « Pourquoi cette vie en tourbillon et le stress qu'elle engendre ? Tout cela a-t-il bien un sens ? »

Pareille interrogation est bien plus culpabilisante que de par le passé. Sous le régime de nos grands-mères, il ne s'agissait pas tant d'être bien dans sa peau que de faire son salut. Le malheur et les épreuves faisaient partie intégrante de la condition humaine. Ils étaient même un chemin de sanctification et de progrès spirituel. Aujourd'hui, les épreuves sont une calamité et avouer que l'on n'est pas heureux – surtout sans raison apparente – est un aveu d'échec.

Chacun est invité à prendre sa destinée en main et à tout faire pour trouver son bonheur, sous peine de rater sa vie. Celui qui se déclare ouvertement malheureux ou qui triche mal quand il s'agit de faire bonne figure sous le soleil des « soyons cool et vivons zen », se voit apposer l'étiquette de *loser* et endure le jugement condescendant que l'on a envers celui « qui a un problème ». Sous ses abords débonnaires et ses contours libertaires, le culte du bien-être universel s'avère parfois plus tyrannique que le puritanisme d'antan.

Comme je l'écrivais plus haut[1], l'homme qui vit en panne de sens n'a pas des milliers de solutions pour s'en sortir. Soit, il bétonne son cœur par un mur de cynisme qui le met à l'abri de l'angoisse existentielle : « Le monde est ainsi fait, inutile de se chercher martel en tête. On ne vit qu'une fois. Profitons-en. » Cet homme-là devient un consommateur consciencieux, parfaitement adapté aux lois du marché. S'il n'est pas malheureux, c'est parce qu'il a – une fois pour toutes – fait son deuil du vrai bonheur. Une anesthésie durable en quelque sorte.

Le *cocooning* généralisé dans nos sociétés est la version *soft* de pareil phénomène. Ici la recherche de bonheur n'est pas complètement euthanasiée, mais délimitée comme on clôture un jardin pour se prémunir de voisins trop intrusifs. Le bonheur, oui, mais dans les limites de mon pré fleuri, soit dans la petite cellule de mes intimes. Pour le reste, je rachète ma conscience par quelques élans philanthropiques sur fond de rabattage médiatique. Mais ne m'en demandez pas plus et laissez-moi, je vous prie, déjeuner en paix !

Tous nos contemporains ne se résignent pas à un tel embourgeoisement. Dès lors, par compensation, des comportements de morts apparaissent. La prolifération des drogues et autres moyens d'altération du mental sont le symptôme d'un mal-être généralisé. Si le quotidien est trop fade pour être supportable,

(1) Voir chapitre premier.

autant aller chercher dans les stupéfiants, l'épice qui fera « planer », même si l'atterrissage n'en sera que plus brutal.

À défaut de maquillage toxique ou quand celui-ci ne suffit plus, les comportements de mort se déplacent. Ils quittent la consommation pour s'installer au cœur même du vivant. Soit le mental parle et vient la dépression ; soit le corps s'exprime et somatise de mille et une façons, parmi lesquelles les troubles alimentaires. Avec l'anorexie et la boulimie, notre société de surbouffe se met à vomir. Enfin, quand le mal-vivre touche le fond, les comportements de mort apparaissent à visage découvert. Cela va de l'inconscience consciente de conduites à risque qui flirtent avec la mort (conduites folles en état d'ivresse, sports dangereux sans sécurité aucune...) aux tentatives d'en finir pour de vrai.

Le taux de suicide est un indicatif fort de l'état de la santé mentale d'une population. En ce début de XXIe siècle, il n'est pas faux d'affirmer que la plupart des occidentaux vivent dans un confort matériel infiniment supérieur à celui des empereurs du Moyen Âge. Au milieu d'une telle abondance – image du paradis pour les hommes du passé et véritable *eldorado* pour tous les affamés de la planète – le suicide est une cause majeure de décès (voire la principale). Ceci est tout particulièrement vrai pour la tranche d'âge se situant entre 25 et 45 ans, soit l'âge béni où jeunesse de corps se conjugue avec maturité d'esprit.

Il est paradoxal de constater que les comportements de mort frappent durement la population la plus argentée de la planète et ceci, dans la fleur de l'âge. Non, décidément, « *l'homme ne vit pas que de pain* »[1].

---

(1) Matthieu 4, 4.

Une fois de plus, il ne s'agit pas de diaboliser une société qui a largement pris congé du christianisme, histoire de distiller subtilement le message : « Vous voyez ? Depuis que les gens ne vont plus à la messe, c'est la cata ! » Ce serait un argument facile et usé. À chaque époque, des prêcheurs zélés se sont levés pour attribuer les malheurs du temps à l'impiété de leurs contemporains. À croire que depuis la venue du Christ, les choses n'ont fait qu'empirer.

Non, je suis de ceux qui pensent que l'Occident n'a pas à rougir de la société qu'il a mise au monde, même si beaucoup reste à accomplir et que de nombreux « dégâts collatéraux » sont à corriger[1]. Mon seul objectif est de démontrer que le culte du bien-être engendre paradoxalement un mal-être diffus et généralisé.

## *Vivre sa Pâque*

Le christianisme apporte une réponse à ce malaise. Il s'agit de la vertu théologale d'espérance, qui invite à voir en toute vie une possible renaissance. La vertu d'espérance nous invite à emprunter un chemin difficile : le chemin de la Pâque.

> « *Entrez par la porte étroite. Large, en effet, et spacieux est le chemin qui mène à la perdition et il en est beaucoup qui s'y engagent ; mais étroite est la porte et resserré le chemin qui mène à la Vie, et il en est peu qui le trouvent*[2]. »

Apprenons à ne pas interpréter chaque parole du Christ comme une recette pour obtenir son billet d'entrée au paradis,

(1) Entre autres, en matière écologique. J'y viendrai plus loin.

(2) Matthieu 7, 13-14.

mais bien comme un appel solennel à ne pas gâcher notre ticket d'humanité. En effet, le jugement dernier est l'affaire de Dieu et le Christ nous apprend qu'il n'est que miséricorde. En revanche, la perdition humaine – elle – est entre nos mains.

« Pâque » vient de l'hébreu *pessah,* qui signifie « passage ». Ce mot désigne non seulement la fête la plus solennelle du calendrier chrétien, mais également son ancêtre, la fête juive, évoquant la sortie d'Égypte sous la conduite de Moïse[1]. Les deux solennités célèbrent un passage : passage de la condition d'esclave au statut de peuple libre pour les Hébreux ; passage de la mort charnelle à la vie spirituelle pour le Christ. Le chemin de la Pâque voit toute vie comme un passage. Au regard biologique, il superpose un regard spirituel.

Le regard biologique constate avec lucidité que toute vie est périssable. Depuis le jour de notre naissance, nous sommes tous des condamnés à mort en sursis. Chaque heure qui passe nous rapproche de la tombe.

S'en tenir au regard biologique n'empêche pas l'altruisme. Beaucoup d'athées veulent rendre ce monde meilleur pour les générations à venir. Pareille attitude requiert cependant une dose de fatalisme, car même nos enfants seront mangés par le temps. À très long terme, tout retourne à la poussière et les actes les plus héroïques s'avèrent vains. C'est ce que décrit à merveille le plus délicieusement matérialiste des livres de la Bible, l'Ecclésiaste :

*« "Vanité des vanités" », dit Qohélet ; « "vanité des vanités, tout est vanité. Quel profit trouve l'homme à toute la peine qu'il prend sous le soleil ? Un âge va, un âge vient, mais la*

(1) Exode 12 à 14.

*terre tient toujours.* [...] *Toute parole est lassante ! Personne ne peut dire que l'œil n'est pas rassasié de voir, et l'oreille saturée parce qu'elle a entendu. Ce qui fut, cela sera, ce qui s'est fait, se refera, et il n'y a rien de nouveau sous le soleil*[1] *!"* »

Pour le chrétien, il y a quelque chose de radicalement neuf sous le soleil : Jésus de Nazareth. En lui, le Vivant a habité notre humanité et a assumé notre condition jusqu'à en mourir. En lui, le Saint s'est solidarisé avec le péché jusqu'à perdre la joie : « *Il commença à ressentir tristesse et angoisse. Alors il leur dit : "Mon âme est triste à en mourir…*[2] *"* » Avec la croix, tout n'est pourtant pas fini. La foi chrétienne professe qu'au matin de Pâques, la mort fut vaincue par la Vie et le péché transfiguré par l'Amour.

La résurrection du Christ est la clef de toute destinée humaine. Elle est le sceau dont Dieu marque notre monde et qui rejaillit sur toute l'histoire, depuis les origines jusqu'à la fin des temps. Le « *premier-né d'entre les morts* »[3] ouvre un chemin à tous ses frères en humanité. Par le baptême, chaque chré-

---

(1) Ecclésiaste 1, 2-4, 8-9. Ceux que le ton désabusé de cet écrit surprend, doivent garder à l'esprit que les anciens Hébreux conjuguaient la foi au Dieu de l'alliance avec un matérialisme biologique strict. La vie terrestre (*nefesh*) étant liée au corps, après la mort venait le vide (*shéol*). Le bonheur était à chercher en ce monde. La croyance judaïque en une vie par-delà la mort biologique, n'émerge que quelque quatre siècles avant Jésus. À l'époque du Nazaréen, elle était encore loin de faire l'unanimité et n'avait pas été coulée en règle dogmatique, comme le démontre l'attitude des Sadducéens en Matthieu 22, 23. Ce n'est qu'après l'an 70 de notre ère, que la croyance en la résurrection fera partie intégrante de l'orthodoxie juive, à l'occasion de la reprise en main du judaïsme par les Pharisiens.

(2) Matthieu 26, 37-38.

(3) Lettre de saint Paul aux Colossiens 1, 18.

tien est associé spirituellement à cet événement archétypal, afin d'être pour le monde un signe d'espérance :

> « *Nous avons donc été ensevelis avec lui par le baptême dans la mort, afin que, comme le Christ est ressuscité des morts par la gloire du Père*[1], *nous vivions, nous aussi, dans une vie nouvelle*[2]. »

Entrer dans cette vie nouvelle dont parle saint Paul, superpose au regard biologique, un regard spirituel. Si biologiquement, nous vivons pour mourir, spirituellement, nous mourons pour vivre. Tel est le regard de l'espérance. Qu'est-ce à dire ?

Prenons des exemples tirés de la vie quotidienne. Le fœtus doit mourir pour que naisse le nourrisson. Toute sa vie durant, l'homme est en deuil de la matrice qui neuf mois durant l'a bercé. (Cocon que nous essayons inconsciemment de retrouver chaque fois que nous refusons de sortir d'un lit douillet ou traînons dans un bain tiède…). Le petit enfant que l'on envoie à l'école gardienne, meurt au fantasme de grandir toute sa vie à l'ombre des jupes maternelles. Ainsi seulement, naît-il à son identité sociale. L'adolescent qui vit un échec, meurt à l'image idéale qu'il s'était forgé de lui-même. Sans cette chute, il ne pourrait naître à plus de lucidité adulte. Le jeune homme qui épouse Germaine, meurt à Gilberte, Élodie et Suzon. Cette mort de l'éternel célibataire, fait naître l'époux en lui.

Et ainsi de suite. Les étapes de notre vie et leur lot de crises, sont autant de petites morts. Il y a un deuil à faire. Chaque seconde qui passe, me fait mourir à tout ce que je n'ai pu

---

(1) Autre nom pour désigner l'Esprit de Dieu.

(2) Lettre de saint Paul aux Romains 6, 4.

accomplir à cet instant précis. Ce n'est qu'en assumant cette condition de mort biologique permanente, que l'homme entre spirituellement dans la vie. Tel est le chemin de la Pâque.

Celui qui refuse de vivre ces petites morts et qui s'accroche à la perte de chaque instant, du genre – « Mon Dieu, je n'ai plus 20 ans ! Je perds mes cheveux ! Mes enfants me quittent pour faire leur vie ! Les jeunes ne sont plus ce qu'ils étaient !, etc. » – passe à côté de la vie. Il se réfugie dans la nostalgie du passé et les rêves d'avenir, mais jamais n'assume son présent.

*Mourir pour vivre*

La croyance en la résurrection ne doit pas être vécue avant tout comme une assurance, garantissant à notre petit *ego* une survivance après sa fin biologique. Il est vrai que l'homme n'a jamais tant besoin de croire en la résurrection que lorsqu'il perd un être cher. Ceci est légitime. Dans la lumière de la résurrection du Christ et en continuité avec celle-ci, le chrétien professe que son ultime Pâque sera le passage de la mort biologique à une vie spirituelle plénière en Dieu.

Pourtant, le bon sens et le bon goût invitent à ne pas en dire beaucoup plus, car de cette vie-là nous ne savons pas grand-chose. Elle sort de nos catégories mentales. L'éternité est tout sauf un « temps » qui dure très-très-très-très… très longtemps, dans un « endroit » du genre *Club Med* amélioré.

Que celui que ma prudence désarçonne, aille relire dans les quatre évangiles les récits de rencontres avec le Christ ressuscité. Alors que les versions évangéliques de la passion de Jésus se recoupent remarquablement, les récits de résurrection, sont globalement dissemblables. Si la résurrection du Christ est l'événement fondateur de notre foi, comment expliquer un tel manque de cohérence ? Soit, c'est bien la preuve que les expériences de résurrection n'étaient qu'une hallucination collective de disciples incapables de faire leur deuil du maître. Soit – comme je le crois – c'est là le signe que la rencontre bien réelle avec le Ressuscité n'est pas une expérience « de ce monde », que l'on peut mettre sans plus en mots et concepts sous la forme d'un récit. Il s'agit d'un événement spirituel qui fait communier à la transcendance d'une vie « autre », dont nous n'avons pas plus de représentations ici-bas que le fœtus n'en a de l'existence qui l'attend après sa naissance.

Le chemin de la Pâque est celui de l'espérance. Il est une réponse aux impasses du culte contemporain du bien-être. Vivre d'espérance n'implique pas qu'il faille devenir masochistes et chercher la souffrance pour se sanctifier. Personne ne nous reprochera de prendre du bon temps. Les Évangiles ne nous présentent-ils pas un Christ bon vivant ?

Profitons de la vie, mais le cœur et les mains ouverts et non pas crispés, par peur de perdre nos richesses. « Si le grain de blé tombé en terre ne meurt pas, il demeure seul ; mais s'il meurt, il porte beaucoup de fruits. Qui s'accroche à cette vie la perd ; qui vit détaché de sa condition mortelle découvre l'éternité de sa condition spirituelle[1]. »

La vie est comme l'eau. On peut la canaliser, mais si on l'emprisonne, elle stagne. Elle est faite pour couler librement. De même, notre vie coule et passe. L'espérance chrétienne nous invite à vivre cela, non pas comme la fatalité d'une fin

(1) Jean 12, 24. Que Jésus me pardonne d'avoir paraphrasé ses paroles. Je ne pense pas en avoir trahi le sens.

qui s'approche inexorablement, mais comme une invitation continuelle à renaître spirituellement.

La culture ultramoderne enjoint à nos contemporains d'être heureux à tout prix, ici et maintenant. L'espérance chrétienne objecte : « Ça ne marche pas comme ça. Vis généreusement ce que l'existence t'offre, y compris les inévitables frustrations, épreuves et souffrances. Alors, le bonheur suivra tes pas comme un chien fidèle. C'est en te retournant et en contemplant le tracé de ta vie, que tu pourras te dire que, même si ton parcours n'est pas un sans-faute et qu'aujourd'hui encore tout est loin d'être parfait… oui, tu es heureux. »

### *La Charité*

#### *Communiquer plutôt que prier*

L'idéal de sainteté est détrôné par la course à la compétitivité. L'impératif d'état de grâce est remplacé par le culte du bien-être. Un troisième déplacement de valeur mérite notre attention. L'alphabétisation spirituelle qui faisait jadis partie de l'éducation, a été délaissée au profit d'une culture de la communication.

La prière est une respiration de l'âme qui ouvre à la transcendance. La société de nos grands-mères invitait tout chrétien à investir un peu de son temps et de son énergie dans l'ascèse de la vie spirituelle. Aujourd'hui, la donne a changé. Non pas que notre monde déprécie la prière. Simplement, l'apprentissage d'une vie spirituelle ne fait plus partie de l'éducation de base que tout jeune reçoit, à l'instar de la lecture et du calcul. La soif de spiritualité reste grande, mais elle a quitté l'espace public pour être cantonnée dans le domaine de la vie privée.

Prier n'est plus un art de vivre, mais un loisir. Une démarche spirituelle se choisit si on veut, comme on veut et au rythme que l'on veut. Si tel devient ceinture noire en méditation orientale, c'est son affaire. À condition de ne pas importuner son voisin, dont le seul loisir spirituel est de mettre une bougie à sainte Rita deux fois par an, à l'occasion des examens de son gamin.

La communication avec Dieu n'est plus d'intérêt public, du moins sur notre vieux continent. Dans le monde anglo-saxon, ceci est à nuancer.

Alors que notre modernité a relégué la relation à Dieu dans la sphère privée, la communication entre les hommes est devenue un fait de société. À l'heure des multimédias, nous investissons chaque jour des heures à communiquer et à nous tenir informés.

Quel original peut encore vivre sans téléphone, télévision, ordinateur, téléphone portable ou connexion internet ? Nous sommes câblés de toutes parts et bombardés d'informations instantanées, provenant des quatre coins de la planète. Le drame inouï du 11 septembre s'étalait déjà sur les écrans du monde entier, que dans les *twins* en feu, les malheureux ignoraient encore tout de la cause du cataclysme qui leur tombait sur la tête.

D'où un nouveau paradoxe. Le mot « communication » est sur toutes les lèvres, mais le principal cancer de notre société a pour nom la solitude. Dans un monde où tout est fait pour et par le besoin de communiquer, les hommes se parlent peu et beaucoup vivent en panne de relations authentiques. Cela concerne bien entendu le troisième âge, mais également un nombre grandissant de jeunes ou d'adultes en activité.

Comment expliquer la solitude ressentie par tant d'Occidentaux ? Jamais encore n'avait-on tant sondé le cœur de l'homme et ses méandres. Les *talk-shows* télévisuels où tous les aspects de l'humanité – y compris les plus intimes – sont abordés sans fausse pudeur se multiplient. Aucune société avant la nôtre n'a cerné l'humain avec tant de justesse… et de bienveillance. J'en veux pour preuve le vocabulaire utilisé à l'encontre des auteurs de crimes atroces. Jadis, on parlait de crapules ou de monstres. Aujourd'hui, du moins dans les franges les plus éduquées de la population, on dira : « ce sont des malades ».

La société de nos grands-mères exerçait une implacable police des consciences. Ses tabous étaient de véritables espaces de non-communication. D'une fenêtre donnant sur alcôve à une autre, on s'épiait et se jugeait durement. Seuls quelques milieux ouvertement libertins échappaient à la règle. Si étouffante fût-elle, cette rigidité assurait une insertion sociale au plus grand nombre. Dans une société aux codes stricts, chacun reçoit tout naturellement sa place.

Je me rappelle la réflexion désabusée d'un grand-oncle pour lequel j'avais la plus grande admiration. Peu avant de mourir, ce prisonnier de la grande guerre, ayant servi comme diplomate le gouvernement belge en exil en 1940, me confia : « Je ne voudrais pas être jeune aujourd'hui. » Étonné, je lui fis remarquer que la jeunesse vivait dans un monde sans guerre et profitait des fruits d'une croissance économique sans équivalent. Il me répondit : « C'est vrai, mais quand nous étions jeunes, la société nous faisait sentir qu'elle nous attendait, car elle avait besoin de nous. Tandis qu'aujourd'hui… » Mon aïeul faisait allusion à la crise de l'emploi, mais plus encore à la dissolution du lien social.

Notre monde de surcommunication ressemble à Internet. Chaque individu se retrouve comme face à un terminal d'ordinateur et il lui est loisible de « cliquer » là où bon lui semble pour entrer en contact instantané avec la planète entière. La communication est partout, mais chacun est seul face à son écran et les choix à faire. Je suis en couple mais ne me sens pas épanoui, alors « je clique » et recommence une autre aventure affective. J'ai reçu une éducation catho, mais celle-ci ne répond pas à mes questions existentielles, alors « je clique » et « surfe » jusqu'à ce que je trouve un « site » religion qui m'intéresse…

Dans notre société où tout est possible et accessible, cet état d'hyper-choix fait peser un lourd fardeau de responsabilités sur les épaules de chacun. Ce poids engendre un sentiment de solitude. Nos grands-mères n'avaient pas ce genre d'états d'âmes : Tant de choses allaient tout bonnement de soi.

### *Solitude*

Le fait que nos contemporains soient plus responsables de leurs choix est une bonne chose. Le drame est qu'ils doivent choisir dans un désert spirituel. Point n'est besoin d'être sociologue pour constater que la communication dans notre monde pèche par une totale absence de spiritualité.

Ainsi, la publicité. Fille du capitalisme, la pub crée des besoins nouveaux en donnant l'illusion que le produit vanté comblera celui qui l'achète. La privation, qui jadis était le lot commun de l'humanité n'est plus de mise, du moins pour ceux qui détiennent le pouvoir d'achat. Les supermarchés regorgent de surplus que l'on jette une fois périmés. Ceci encourage une fusion affective avec un mode de consommation : « Je suis la voiture dans laquelle je roule, la maison que j'habite et les fringues que je porte. »

Les promesses de la pub ne comblent qu'un temps. Si déjà la plus belle histoire d'amour ou la plus solide amitié ne satisfont pas entièrement le cœur d'un homme, que dire des biens de consommation ? Par ses artifices, la publicité arrive à masquer un temps la solitude existentielle[1] de chacun à en anesthésier la brûlure – « *Have a Coke and a smile* » – mais une fois que j'aurai jeté ma canette de *Coke*, comment garder mon *smile* ?

Je le disais au début de ce livre, la solitude est le propre de l'homme. La spiritualité s'offre à celui qui apprivoise son vide intérieur et s'en fait un allié sur le chemin du bonheur. Une société dont une bonne part de la communication n'est qu'invitation à la consommation, vit dans le déni de ce désert existentiel. L'homme y a du mal à donner un sens à la solitude.

En discothèques, notre jeunesse « s'éclate » à coup de décibels. Pourquoi pas ? À condition de ne pas perdre de vue que celui qui ne vit que pour s'éclater, fuit la réalité par peur de se retrouver face à son creux intérieur. Il habite à la périphérie de son identité et devient un être « excentrique » au sens le plus étymologique du terme.

### *Relation trinitaire*

Dans notre société de surcommunication, la solitude est devenue omniprésente. La foi chrétienne répond à cette impasse. Au cœur du christianisme, il y a l'expérience d'un Dieu qui dans son intimité n'est pas un monolithe autiste, mais

(1) Voir chapitre premier.

une dynamique de communication en vérité. La Trinité est le nom que nous donnons à l'échange de gratuité amoureuse au cœur du Divin. Échange entre l'Origine première – appelée « Père » – et sa parfaite expression – appelée « Verbe » ou « Fils » – dans l'unité du don personnalisé – appelé « Esprit ». Dieu en son mystère intime est relation d'amour. Le Père donne tout à son Fils, qui le lui rend dans l'unité amoureuse de l'Esprit. Cet échange les laisse souverainement libres et les unit autant qu'il les distingue.

Les mots pour dire la Trinité restent maladroits. Ils ont été forgés à l'aide de la philosophie des premiers siècles du christianisme. Pourtant, la jeune Église vivait une foi trinitaire bien avant d'arriver à l'exprimer par des concepts. Si les termes dérivent de la philosophie, l'origine de la foi en un Dieu trinitaire s'enracine dans la rencontre spirituelle avec le Christ.

C'est sur le visage du Christ – et du Christ crucifié – que se révèle l'amour trinitaire :

> « *Ainsi vous recevrez la force de comprendre* [...] *ce qu'est la Largeur, la Longueur, la Hauteur et la Profondeur, vous connaîtrez l'amour du Christ qui surpasse toute connaissance, et vous entrerez par votre plénitude dans la plénitude de Dieu*[1]. »

L'amour trinitaire dont vit le Christ et qu'il nous communique par l'Esprit est un amour de donation gratuite qui laisse l'autre libre. C'est un amour qui ne s'impose pas, mais donne vie.

(1) Lettre de saint Paul aux Éphésiens 3, 18-19.

« *Comme le Père m'a aimé, moi aussi je vous ai aimés. Demeurez en mon amour. Si vous gardez mes commandements, vous demeurerez en mon amour.* [...] *Voici quel est mon commandement : vous aimer les uns les autres comme je vous ai aimés. Nul n'a de plus grand amour que celui-ci : donner sa vie pour ses amis*[1]. »

La dynamique de l'amour est la clef spirituelle de toute vie réussie. *Ama et fac quod vis*, écrivait saint Augustin : « Aime et fais ce que tu veux ». Quand un couple vit un amour adulte, ce qui unit leurs deux cœurs les rend totalement libres. L'amour de l'un donne à l'autre la force de prendre son envol et de vivre de façon non dépendante. C'est dans le regard amoureux de l'autre que le premier découvre la richesse de son propre cœur.

L'amour dont parle saint Augustin n'est pas une palpitation affective et encore moins un désir sexuel. Toutes ces expériences humaines peuvent s'allier à la démarche amoureuse, mais n'en sont pas la quintessence. On peut désirer quelqu'un et avoir des sentiments pour lui, sans l'aimer d'un amour spirituel. L'amour, qui donne d'aimer spirituellement dans le concret du moment présent, s'appelle la « charité ». Seul cet amour de charité a un poids d'éternité. Le ciel et la terre passeront, mais tout ce qui aura été vécu avec amour ne passera pas.

C'est ce que rappelle l'hymne à la charité de saint Paul :

« *Quand je parlerais les langues des hommes et des anges, si je n'ai pas la charité, je ne suis plus qu'airain qui sonne ou cymbale qui retentit. Quand j'aurais le don de prophétie et que je connaîtrais tous les mystères et toute la science,*

(1) Jean 15, 9-10, 12-13.

*quand j'aurais la plénitude de la foi, une foi à transporter les montagnes, si je n'ai pas la charité, je ne suis rien*[1]. *Quand je distribuerais tous mes biens en aumônes, quand je livrerais mon corps aux flammes, si je n'ai pas la charité, cela ne me sert à rien. La charité est longanime ; la charité est serviable ; elle n'est pas envieuse ; la charité ne fanfaronne pas, ne se gonfle pas ; elle ne fait rien d'inconvenant, ne cherche pas son intérêt, ne s'irrite pas, ne tient pas compte du mal ; elle ne se réjouit pas de l'injustice, mais elle met sa joie dans la vérité. Elle excuse tout, croit tout, espère tout, supporte tout. La charité ne passe jamais. Les prophéties ? Elles disparaîtront. Les langues ? elles se tairont. La science ? Elle disparaîtra.* [...] *Maintenant donc demeurent foi, espérance et charité, ces trois choses, mais la plus grande d'entre elles, c'est la charité*[2]. »

La charité est la plus grande des trois vertus théologales. Le regard de la foi se tourne vers le passé et à la visée d'espérance scrute l'avenir. La charité, elle, ne peut se déployer que dans le concret du moment présent. Et le présent est le temps de Dieu, car Dieu est présence d'amour.

À nous qui vivons le présent comme une succession d'instants fugaces, la charité donne d'habiter chaque seconde d'une présence amoureuse. L'Esprit nous offre de transcender les limites

(1) Saint Paul fait sans doute allusion aux manifestations de l'Esprit au sein des premières communautés chrétiennes, telles que le don des langues – sorte de prière de louange en glossolalie – ou encore le don de prophétie – qui annonçaient ce que l'Esprit attendait des fidèles – ou enfin le don de science qui offrait un éclairage spirituel sur une situation particulière.

(2) Première lettre de saint Paul aux Corinthiens 13.

du mental qui nous dicte : « Celui-là, je l'aime bien ; cet autre je ne le supporte pas. Celui-là me fait du bien ; cet autre me rend la vie impossible, etc. » La charité transforme chaque instant en présence de moi à l'autre et chaque rencontre, en relation vraie.

L'amour de charité nous guérit de nos vides égoïstes. Il fait entrer dans la vie trinitaire et inscrit en lettre d'or au frontispice de nos vies : tout ce qui n'est pas donné est perdu ; tout ce qui est partagé est gagné.

> « *Nul n'aura laissé maison, frères, sœurs, mère, père, enfants ou champs à cause de moi et à cause de l'Évangile qui ne reçoive le centuple dès maintenant au temps présent*[1]. »

Ceci donne d'apprivoiser sa solitude existentielle et de bâtir des relations authentiques avec ceux que la vie fait rencontrer. La charité n'évite pas les conflits, mais ne réduit personne à ceux-ci. Elle interdit de lancer à l'autre : « T'es qu'un menteur ! », ou encore « T'es qu'un voleur ! » Elle dira : « Tu as menti et ce n'est pas digne de toi, car tu es fait pour la vérité » ; « Tu as volé, alors que tu es fait pour l'honnêteté. »

Qu'on ne s'y trompe pas, la charité ne pose pas un regard naïf sur le monde. Au contraire, elle donne de scruter les cœurs et les reins sans illusions, mais avec le regard de Dieu lui-même. Un regard qui relève et guérit. Tel était le regard du Nazaréen. Un jour, il se posa sur Zachée, personnage peu fréquentable s'il en est : « *Zachée, descends vite, car il me faut aujourd'hui demeurer chez toi*[2]. »

---

(1) Marc 10, 29-30.

(2) Luc 19, 5.

# 6

# LE CHRISTIANISME COMME PROJET SOCIAL

*Notre sixième escale pose les pieds sur un rivage périlleux, celui du bilan social du christianisme.*

*Au cours des siècles, l'Église a façonné les âmes, en prenant l'homme pécheur là où elle le trouvait pour en faire un chrétien. Pour y parvenir, elle se forgea une morale.*

*À l'encontre de beaucoup, je trouve que cette entreprise n'a pas trop mal réussi. Ce n'est pas faire de la récupération facile que d'affirmer que les droits de l'enfant, la protection de la personne handicapée, la Sécurité sociale, les ONG, sont de tardifs germes – laïcisés – de semences de morale judéo-chrétienne, plantées des générations durant dans les cœurs et les esprits.*

*Ce disant, je n'ignore pas que l'Église n'a pas toujours été la première à promouvoir de telles avancées et qu'elles furent même souvent les acquis de forces idéologiques venant d'un tout autre bord. Mais n'en déplaise à d'aucuns, les Lumières et le socialisme sont des rejetons – rebelles et répudiés, mais fils malgré tout – du judéo-christianisme*[1].

## *Une Parole au cœur de la cité et de l'histoire*

Le présent chapitre se penche sur le type d'empreinte que laisse le discours chrétien sur la société. Que devient le christianisme quand il quitte le registre de la pure expérience spirituelle pour entrer dans l'espace public ? Que se passe-t-il quand il édicte à la face du monde ce qui est « bien » et ce qui est « mal » ? Aujourd'hui encore, papes et évêques interviennent dans des débats de société. Ont-ils raison et le font-ils à bon escient ?

Le sujet est délicat car il brasse des passions. Une part de la population ne supporte plus de voir la religion « faire de la politique » en intervenant dans des débats de société. À l'autre extrême, une minorité de catholiques fervents voit en toute critique – même minime – du discours moral de l'Église, un acte de haute-trahison ecclésiale.

La vaste majorité des citoyens, quant à elle, navigue benoîtement entre deux eaux : « L'Église a raison d'édicter des principes. C'est son rôle et puis, sinon tout fout le camp… De là à ce qu'on les applique, c'est autre chose. D'ailleurs, elle retarde d'une guerre et puis… à chacun sa conscience. » Pour ceux-ci, la morale de l'Église est appréciée comme on apprécie le fisc. Jugée utile pour le corps social en général, elle passe pour mal ajustée à l'individu en particulier et n'est donc pas très populaire. La fraude fiscale est largement tolérée comme acte citoyen

(1) Cela, Nietzsche (1844-1899) – grand critique de l'humanisme – l'avait bien compris. Cf. *L'Église de Judas, op. cit.*, p. 125.

de légitime défense. Il en va de même pour des comportements « buissonniers » par rapport aux préceptes de l'Église.

Quant à la presse, parfois injustement sévère mais rarement franchement anticléricale, elle est piégée entre un manque de temps pour s'informer convenablement et le souci de plaire pour vendre. Trop souvent, elle se contentera de présenter l'Église à travers de faciles clichés. Quelques bons sentiments à Noël et des articles grinçants sur le pape « pourfendeur de capotes »[1].

## *Question de vocabulaire*

Avant de traiter du contenu de la morale catholique[2], je voudrais me pencher sur le vocabulaire qu'utilise l'Église pour communiquer. Si les discours du magistère – principalement dans une matière aussi sensible que la sexualité – sont peu ou mal reçus par nos contemporains, est-ce simplement parce que notre monde « rechigne à ce qu'on lui dise ses quatre vérités » ? Pour une bonne part, je réponds par l'affirmative, mais l'honnêteté intellectuelle invite à reconnaître que cette explication n'est pas suffisante.

(1) Ce dernier sujet relève de l'« intox » car si Jean-Paul II invite régulièrement les chrétiens à vivre leur sexualité dans le cadre du mariage, il n'a jamais dit qu'une personne adoptant un comportement sexuel à risque ne devait pas se protéger par tous les moyens, y compris le préservatif. Quant à Benoît XVI, sa fameuse phrase prononcée dans l'avion le menant en Afrique évoquait l'inefficacité de la simple distribution de préservatifs sans une éducation à la sexualité responsable. Qui le contredirait ?

(2) Dans la présente section, je limite mon étude au discours moral tenu par l'Église catholique romaine.

Plusieurs observateurs avertis relèvent, non sans pertinence, que le discours officiel de l'Église catholique – en particulier lorsqu'il émane du Vatican – souffre davantage d'incompréhension que de rejet. Pour l'homme occidental, il n'est pas tant inacceptable qu'illisible. Lecteur attentif – et bienveillant – des documents émanant de Rome, je ne puis que confirmer cette analyse. Le contenu va courageusement à contre-courant de certaines dérives, mais à plus d'une occasion le message a du mal à passer car son mode d'expression sort des repères culturels propres au commun de nos contemporains, y compris les catholiques.

Pourquoi cela ? Comme souvent, un détour par l'histoire est nécessaire pour expliquer les choses. Jusqu'à la Révolution française, l'Église catholique exerçait de par son statut de religion d'État, une influence immédiate sur la société. Ses principes moraux étaient transposés avec plus ou moins de bonheur dans les lois civiles. Ils étaient, dès lors, contraignants pour le commun : pas de divorce, pas de publications licencieuses ou hérétiques, etc.

Quand la sécularisation priva l'Église d'une emprise directe sur la vie politique, celle-ci mit du temps à l'accepter. Elle craignait, en effet, qu'une politique laïcisée offre un blanc-seing à l'immoralité et à l'incrédulité. Les états seraient désormais libres d'édicter des lois qui « détourneraient les citoyens des chemins de Dieu et de la vertu ».

L'Église finit pourtant par se rendre à l'évidence. L'époque de la religion officielle était révolue. Jamais plus elle ne recouvrirait sa position d'antan. À partir de cet instant, elle tint un discours moral, s'appuyant davantage encore sur les principes de la loi naturelle.

Loi naturelle… ? De quoi s'agit-il ? Dans l'Antiquité, les philosophes stoïciens enseignaient que les lois immuables de la morale étaient inscrites dans l'ordre cosmique, vu que la nature était habitée de semences de rationalité que tout homme pouvait découvrir en utilisant sa raison à bon escient.

Pareille idée fut reprise et commentée par la tradition chrétienne la plus autorisée, ainsi que magistralement développée, des siècles plus tard, dans l'œuvre encyclopédique de saint Thomas d'Aquin (1225-1274), l'un des plus grands théologiens de l'histoire. Pour le Docteur angélique[1], la sagesse éternelle du Créateur est accessible à l'homme – non seulement par la foi – mais également par la raison. La loi naturelle est inscrite au plus profond des cœurs. Elle permet à tout homme – même païen ou incroyant – d'avoir accès aux principes moraux élémentaires et donc de les observer.

Après la Révolution française, le magistère romain fit plus que jamais appel à pareille conception de la loi naturelle pour interpeller nos sociétés. L'argument était le suivant : « Puisque depuis la sécularisation, la politique ne tient plus compte de ce que l'Église dit au nom de la foi, qu'elle écoute au moins ce qu'elle raconte au nom de la raison. »

Si pareil langage était largement reçu – y compris par un public agnostique – jusqu'au milieu du XX^e siècle, il est depuis devenu globalement illisible. L'univers n'est plus perçu comme un grand livre de morale. Parler de loi naturelle pour désigner autre chose que des principes de chimie organique est pour nos contemporains un abus de langage.

---

(1) Surnom médiéval de Thomas d'Aquin.

Aujourd'hui, la « loi » est perçue comme une œuvre de la culture et non de la nature. Elle est une création humaine. À l'heure où les scientifiques se font humbles face aux mystères de l'univers, il est délicat de tenir un discours moral au nom de « certitudes » philosophiques : « C'est ainsi, car cela correspond aux lois de la création que tout homme peut découvrir, s'il utilise un tant soit peu sa raison droite. » Autrement dit, si vous n'êtes pas d'accord avec nous, c'est que vous n'utilisez pas votre intelligence comme il faut.

L'historien ou le théologien comprendra le message de l'Église, qui est de dire que les principes fondamentaux de la morale sont stables et non pas sujets aux modes humaines, mais le sociologue ou le journaliste objectera : « Plus personne ne parle comme ça ; votre message n'est accessible qu'à des initiés. » Pour notre modernité, la seule loi naturelle est la loi de la jungle. La morale, quant à elle, est le propre de l'homme.

Pour bien se faire comprendre par nos contemporains, le magistère de l'Église a selon moi tout intérêt à poursuivre un effort initié par Jean-Paul II. Il s'agit de ne plus tant appuyer son discours moral sur la loi naturelle que sur le principe de dignité humaine qui, lui, est universellement reçu.

Fonder un discours moral sur la dignité humaine me semble par ailleurs théologiquement plus pertinent. Pour le chrétien, Dieu a voulu se dire en devenant homme. C'est donc en scrutant le cœur de l'homme à la lumière de l'Évangile qu'une morale proprement chrétienne peut être élaborée, plutôt qu'en « canonisant » une construction philosophique antique. Le Christ est le Verbe de Dieu incarné et non le plus sage des stoïciens.

L'Église tient sa légitimité de la révélation en Jésus-Christ et non de son expertise intellectuelle. Sa parole a une autorité, car elle s'inspire de l'Évangile et non parce qu'elle détient la clé philosophique à toute question morale. Au nom du Christ, l'Église s'autorise et a pour rôle de réveiller les consciences. Si elle le fait en donnant l'impression de connaître toutes les réponses avant même que des questions lui soient posées, elle agacera nos contemporains. D'ailleurs, la lucidité invite à reconnaître que l'Église n'est pas toujours et en tout « experte en humanité ». Parfois, des enjeux trop humains lui échappent encore. Les véritables experts en humanité sont les pauvres qui se demandent comment faire bouillir la marmite pour leurs enfants, tout en bouclant leur fin de mois. L'expertise de l'Église, c'est l'Évangile. C'est seulement au nom de l'Évangile qu'elle parle avec autorité.

## *Le registre du discours moral*

Aujourd'hui, plus que jamais, l'Église a raison de rappeler à notre monde sécularisé que la dignité de l'homme n'est pas variable au gré des cultures. Il ne suffit pas qu'une loi civile déclare tels agissements licites, pour que ceux-ci deviennent moraux.

Ceci est un exercice délicat. Si la dignité humaine est un absolu, la perception de celle-ci est conditionnée par un enracinement culturel[1]. Un jugement moral est un acte humain qui reste faillible. Sur des questions concrètes, une autorité religieuse a, dès lors, la délicate mission de trouver le ton juste. Il

(1) Ainsi, saint Thomas d'Aquin défendit en toute bonne foi la moralité de l'Inquisition in *Somme théologique,* IIa IIae, Q. 11 art. 3.

s'agit de tenir un discours tout à la fois hardi et prudent, dosant courage et retenue. Quand elle y parvient, ce n'est pas encore gagné ; beaucoup de non chrétiens – et même de chrétiens – lui reprochent alors ce type d'intervention : « C'est une limitation de notre liberté et une ingérence dans notre vie privée ! »

À ceux-là je réponds que le message moral de l'Église n'est pas celui d'un supérieur religieux, mais d'un guide spirituel. Il interroge les consciences et invite à la conversion, jamais à la soumission. Comme l'exprimait de manière délicieusement britannique le cardinal Newman (1801-1890) :

> « Si j'étais un jour obligé de porter un toast en matière religieuse (ce qui en soi ne me semble pas une chose à faire), je boirai à la santé du Pape – certainement – mais porterai d'abord un toast à la Conscience, et puis seulement au Pape[1]. »

La mission de l'Église est de réveiller les consciences, jamais de les anesthésier.

Pour se faire écouter, l'Église renonce à toute forme de contrainte, y compris spirituelle. L'adage populaire qui énonce « Il faut bien gagner son paradis » n'est pas chrétien. Il n'y a pas de paradis à gagner. Il est offert gratuitement. Ce n'est pas l'observation de prescriptions ecclésiastiques qui sauve, ni les « bonnes œuvres », mais l'amour de Dieu manifesté en Jésus-Christ jusqu'à la croix. Rappelons-nous l'avertissement de saint Paul :

> « *Ô Galates sans intelligence, qui vous a ensorcelés ? À vos yeux pourtant ont été dépeints les traits de Jésus-Christ*

(1) Newman, J.H., *Lettre au Duc de Norfolk,* 1875, chap. 5.

*en croix. Je ne veux savoir qu'une chose : est-ce pour avoir pratiqué la Loi que vous avez reçu l'Esprit ou pour avoir cru à la prédication*[1] *?* »

Ce n'est pas pour mériter la vie éternelle qu'un chrétien observe la morale. C'est parce qu'il se sait invité à participer à la vie de Dieu, gratuitement offerte.

Quand une autorité religieuse intervient au sein de l'agora politique pour donner son point de vue sur une question éthique, elle agit donc non en censeur mais comme acteur spirituel dans le débat démocratique. Son message est : « En tant qu'Église j'ai ma place dans la société civile et à partir de mon patrimoine propre – qui est l'Évangile – j'attire l'attention de la société sur tel enjeu précis. Je rappelle par ailleurs que mon discours moral s'adresse avant tout aux chrétiens catholiques, mais sans exclure toute autre personne qui daigne lui prêter son attention. »

Il est important de bien faire comprendre au public que c'est sur ce registre-là que parle l'Église. Beaucoup se ferment lorsqu'ils ont l'impression que les curés veulent régir leur vie. En revanche, ils sont réceptifs quand une parole à la fois forte et humble les invite à la réflexion. Le christianisme vient de la foi, mais parle à la raison. Il propose une morale humaniste authentique et intégrale qui – bien comprise – est partagée par beaucoup de non chrétiens. De plus, rares sont les cœurs humains qui ne se laissent pas émouvoir par l'aura du charpentier de Nazareth. Voilà pourquoi, ils accorderont une oreille bienveillante à ceux qui le représentent officiellement en ce « bas » monde.

(1) Lettre de saint Paul aux Galates 3, 1-2.

Ceci étant dit, ne nous leurrons pas. Quels que soient le vocabulaire du message et le ton du discours, il y aura toujours des persiflages et des grincements de dents face à l'exigence de l'Évangile. C'est le propre des hommes et des institutions qui ont quelque chose à dire, de parfois faire des vagues. Mieux vaut d'ailleurs que l'Église soit perçue par la société comme un signe de contradiction plutôt que comme une entité falote. Reste au magistère d'Église de mettre tout en œuvre pour que – même contestée – la logique des exigences chrétiennes soit perçue par nos contemporains comme une logique d'amour et non de condamnation.

## ***Quelle place pour ces « foutus » principes judéo-chrétiens ?***

### *La religion sur la place publique*

Un jour, dans le feu d'une discussion, une amie stoppa net ma rhétorique : « Arrête de m'em… avec tes foutus principes judéo-chrétiens ! » Ayant précisé quels devraient être le style et le ton du discours moral de l'Église, reste la question de fond : le christianisme a-t-il encore quelque chose à dire à nos sociétés sécularisées ? Ses « foutus » principes judéo-chrétiens ne sont-ils pas tout simplement périmés ?

Jusqu'à la Révolution française, la foi chrétienne était le ciment de la culture européenne et l'âme – parfois damnée – de sa politique. Quand la sécularisation émancipa le pouvoir de la tutelle religieuse et que l'industrialisation engendra une économie agnostique, l'Église s'investit dans la défense de la famille, pilier domestique de la vie sociale. Mises à part les remarquables encycliques élaborant une doctrine sociale dans la foulée de *Rerum Novarum* (1891), l'impression qui se dégage du XIXe et XXe siècle, est que l'Église – n'ayant plus guère d'emprise sur les parlementaires et les industriels – s'adressait d'autant plus volontiers aux parents. Exilée de l'espace public, elle devenait le gardien moral de la vie privée. Boudée par le politique et l'économique, elle se rabattait sur le domestique.

Et les parents chrétiens ont suivi… jusqu'en 1968. Cette année-là, l'encyclique *Humanae vitae* réprouvait moralement toute forme de contraception chimique et donc… la pilule. Pour beaucoup, ce fut la goutte qui fit déborder le vase. À partir de cet instant, les familles chrétiennes d'Occident sont entrées en rébellion silencieuse contre le magistère moral de l'Église catholique. D'où la question courante : après avoir « perdu » la politique, l'économie et la famille, l'Église ne doit-elle pas se rendre à l'évidence et reconnaître qu'il est révolu le temps où elle avait quelque chose à apporter à la société ? Si, de par le passé et malgré ses erreurs, l'Église fut un facteur de civilisation, aujourd'hui le monde a appris à se passer de la tutelle de ses « foutus » principes judéo-chrétiens. Que l'Église continue donc à s'adresser aux individus qui sont libres de croire ou de ne pas croire, mais de grâce qu'elle ne se mêle plus de l'espace public, qui vit fort bien sans elle, merci !

Le fantasme de vouloir confiner la parole du Christ aux sacristies n'est pas nouveau. Aujourd'hui, il correspond aux intérêts du marché économique. De par sa logique aveugle, le capitalisme assigne à la religion une fonction « hygiénique ». Une croyance, qui nourrit spirituellement les individus, est au mieux un facteur de stabilité pour l'économie mondiale, au pire un anesthésiant face aux revendications sociales. Marx (1818-1883) parlait à raison d'« opium du peuple ». Pareille réduction est à rejeter par ceux qui croient en un Dieu qui s'est compromis avec la condition humaine. Si en Jésus, Dieu s'est fait homme, la foi chrétienne ne peut rester étrangère à tout ce qui fait l'humain. Le christianisme n'est pas révolutionnaire, car il n'est pas un programme politique. En revanche, dans sa vision de l'homme, il interroge, bouscule et conteste l'ordre social et la pensée conformiste du moment. Quand une Église vit trop bien dans son siècle, c'est souvent au prix d'une mise en sourdine de sa voix prophétique.

Maladroite et politiquement naïve, la « théologie de la libération » qui avait émergé au cours des années 1970 en Amérique latine, n'en correspondait pas moins à cette mission prophétique de l'Église. La mise en veilleuse d'un tel élan et le retour à une religion plus caritative, prêchée par des chrétiens évangélistes et alimentée par les dollars du grand frère du Nord, devraient questionner la conscience des Églises du monde entier.

Posons-nous la question : en quoi la foi en un Dieu qui s'incarne pour faire alliance avec tout homme et avec tout l'homme, l'espérance avec un Dieu qui ressuscite ce qui meurt et la charité à la ressemblance d'un Dieu qui est pure relation d'amour, peuvent-elles inspirer le discours moral de nos Églises en ce début de troisième millénaire ? Je réponds à cette interrogation en paraphrasant le psychanalyste Carl Gustav Jung (1875-1961) : « Il nous arrive ce qui nous ressemble. » Regardons le monde tel qu'il se présente à nous et il nous dit quel est notre mode de vie. Ensuite, contemplons l'homme à travers le prisme du Christ – c'est-à-dire transfiguré par la foi, l'espérance et la charité – et demandons-nous à quoi ressemblerait une société qui vit de l'Évangile.

*La santé de la planète*

L'exploitation sans limites des ressources de la planète ne fait pas grandir l'homme. Ce viol permanent de la nature nuit à l'humanité. Malheureusement, hormis quelques consciences courageuses, le massacre de la forêt amazonienne et la pollution de nos océans ne récoltent de notre part que des larmes de crocodiles. Avec la fonte de la calotte polaire, la phrase attribuée à Louis XV – « après nous, le déluge » – pourrait se vérifier au sens le plus littéral du terme.

À la décharge des hommes d'aujourd'hui, il faut reconnaître qu'on ne change pas de société comme de chemise. Notre monde est un paquebot peu manœuvrable, naviguant à pleine vitesse. Quant à la démocratie, elle fonctionne avec pour principal horizon, les prochaines élections. Le discours écologique demande aux hommes d'aujourd'hui de se serrer la ceinture pour le bien-être de leurs petits-enfants. Si demain, plus une voiture ne roule, cela créera beaucoup d'inconfort et de chômage, mais les effets sur le climat de la planète ne se feront pas sentir avant un siècle. Alors, plutôt ne rien changer et se préparer à voir des bananiers pousser en plein cœur de Bruxelles, ainsi que des méduses dormir sur les vestiges d'Amsterdam.

Un dicton populaire rappelle sans ménagement : « Dieu pardonne toujours ; l'homme pardonne parfois ; la nature ne pardonne jamais. » Notre société ressemble au Titanic, à la différence près que tout le monde voit l'iceberg, mais que personne n'a le courage de donner l'impopulaire coup de gouvernail qui nous fera éviter l'obstacle[1]. Dans trois siècles, les civilisations

(1) La formule est d'Albert Jacquard.

survivantes sur notre planète bleue, seront-elles peuplées de fourmis et de scarabées ?

Si difficile la question écologique soit-elle, nous n'avons pas le choix. Il faut réagir et c'est à l'Occident de montrer l'exemple, car c'est lui qui a engendré un tel monde. À cet égard, le rôle prophétique des Églises chrétiennes est non négligeable. Imaginons-nous une encyclique du Pape, utilisant des mots forts pour réveiller les consciences et invitant les catholiques à montrer l'exemple en vivant autrement. Pensons également à un épiscopat catholique américain faisant lourdement pression en ce sens sur des candidats à l'élection présidentielle.

Pour l'instant, les prises de paroles des Églises dans ce domaine n'en sont qu'à leurs balbutiements. Je pense qu'il y a urgence. L'histoire retient qu'au XIX^e siècle, l'Église catholique s'est intéressée tard à la condition du prolétariat, non seulement parce que la question était complexe, mais aussi parce qu'elle était tétanisée par la perte de son emprise en politique suite à la Révolution française. Il ne faudrait pas que les générations futures déplorent que l'Église catholique ait négligé le drame écologique du XX^e siècle, car trop préoccupée par la baisse de son influence sur la famille.

### *L'Évangile dans la Cité*

Depuis l'encyclique *Rerum Novarum* (1891), l'Église a développé un discours social cohérent. Celui-ci défend la place centrale de l'homme au sein de l'espace politique et économique. Les chrétiens n'ont pas de solutions toutes faites à offrir au monde. L'Évangile n'est pas un programme politique, mais une inspiration. Il enseigne que la politique et l'économie sont au service de l'homme, et non inversement.

Au nom de la dignité humaine, l'Église rappelle qu'une économie de marché, sans régulation politique correspondante, est comme un cheval monté sans harnais. Il galope beaucoup plus vite, mais les cavaliers les plus faibles mordent la poussière. Le tiers-monde en sait quelque chose. Qui dit économie mondiale, doit dès lors prôner un contrôle politique correspondant : un gouvernement financier pour la planète. On est loin du compte.

Comme l'écrivait Benoît XVI dans sa récente encyclique :

> « L'articulation de l'autorité politique au niveau local, national et international est, entre autres, une des voies maîtresses pour parvenir à orienter la mondialisation économique. C'est aussi le moyen pour éviter qu'elle ne mine dans les faits les fondements de la démocratie » (*Caritas in Veritate* n° 41).

La vie politique comporte de nombreux enjeux éthiques. Il ne s'agit pas tant pour l'Église d'avoir « son » parti pour défendre « ses » idées, que d'encourager ses fidèles à ne pas bouder leur condition de citoyen. En démocratie, le peuple reçoit les élus qu'il mérite. Il est trop facile de les traiter de « pourris ».

L'avertissement d'Alexis de Tocqueville (1805-1859) sur les effets pervers de la liberté politique, vaut aujourd'hui plus que jamais :

> « Ce sentiment réfléchi et paisible qui dispose chaque citoyen à s'isoler de la masse de ses semblables et à se retirer à l'écart avec sa famille et ses amis ; de telle sorte

qu'après s'être créé une petite société à son usage, il abandonne volontiers la grande société à elle-même[1]. »

Que ce soit au niveau local, national ou mondial, la vision chrétienne voit en la politique ce lieu de débat où chacun se sent reconnu et a voix au chapitre. Churchill (1874-1965) disait à juste titre que la démocratie, avec ses luttes d'influences et mesquineries internes, n'était pas un bon système, mais simplement – au regard de la nature humaine – le moins mauvais. Ceci, à condition que la liberté d'opinion ne dégénère pas en tyrannie du consensualisme plat. Tocqueville, encore lui, écrivait déjà il y a deux siècles :

« L'Inquisition n'a jamais pu empêcher qu'il ne circule en Espagne des livres contraires à la religion du plus grand nombre. L'empire de la majorité fait mieux aux États-Unis : elle a ôté jusqu'à la pensée d'en publier[2]. »

L'Église invite le citoyen à bâtir un projet social ambitieux et non une société de loisirs : « Ce que je reproche à l'égalité, ce n'est pas d'entraîner les hommes à la poursuite des jouissances défendues, c'est de les absorber entièrement dans la recherche des jouissances permises[3]. » Pour endormir la plèbe, les empereurs romains offraient du pain et des jeux. La téléréalité de l'époque, en quelque sorte.

La société est davantage qu'une addition d'individus libres et égaux. L'espace public est également formé d'institutions intermédiaires. L'Église promeut ces entités, situées entre les

(1) De Tocqueville, A., *De la démocratie en Amérique*, II, 125.

(2) *Id.* I, 355.

(3) *Id.* II, 138-139.

hommes et le pouvoir politique : famille, école, entreprise, associations…

La famille est plus qu'une cellule alimentaire. Elle est le lieu où l'enfant reçoit ses racines sociales. L'école en est le prolongement éducatif. L'entreprise offre aux adultes un cadre de vie et un statut. Le secteur associatif encourage le bénévolat et l'activité non-marchande.

La vision chrétienne invite à regarder ces réalités sociales avec bienveillance et ambition : le visage humain de la société est en jeu en chacune d'elles.

*La personne humaine*

Du fœtus au mourant, l'Église défend la dignité absolue de toute vie humaine. Il est facile de marginaliser sa position : « L'Église est "contre" l'avortement et l'euthanasie. Fort bien si c'est leur religion, mais qu'ils ne l'imposent pas à la face du monde. » Je n'accepte pas ce type de raisonnement : l'Église n'est pas « contre » quelque chose, mais « pour » la vie à tout prix. Au nom d'un humanisme sans concession, elle tire la sonnette d'alarme. Une société où la personne humaine n'est plus sacrée met en danger les assises de la civilisation.

Ayons le courage des mots. Le projet eugénique s'est réveillé et il est en marche. Sauf revirement des mentalités, dans 10 ans, les parents pourront choisir le sexe de leur enfant, dans 20 ans, ce sera son apparence physique et dans quelque 30 années, les traits de caractères souhaités seront sélectionnés. En viendra-t-on à commander l'enfant de ses rêves auprès d'une société médicale spécialisée… avec garantie de remboursement en cas de non-conformité ?

Certains lecteurs penseront que je dramatise. Tant mieux si l'avenir me donne tort. Ce n'est pas l'entreprise de quelque docteur Frankenstein que je crains, mais l'assoupissement général des consciences occidentales.

Les principes d'un humanisme sans concession doivent être appliqués avec bon sens et humanité. Dans les chambres des hôpitaux, des thérapeutes se trouvent seuls face à tant de drames humains à gérer. Il faut de la retenue et beaucoup de pudeur avant de condamner ce qu'ils ont décidé de faire en âme et conscience.

La défense de l'humain est un idéal avec lequel il n'y a pas à transiger. N'en faisons pas pour la cause un système sourd qui juge, sans entendre le cri des hommes. J'ai rencontré des millionnaires américains – catholiques bon teint – qui ne voulaient pas entendre parler d'avortement, mais n'imaginaient pas non plus, hélas, de financer une sécurité sociale un tant soit peu élaborée, pour aider les filles mères.

À chacun – et donc à moi-même – s'adresse l'avertissement du Christ :

> « *Sur la chaire de Moïse se sont assis les scribes et les Pharisiens : faites donc et observez tout ce qu'ils pourront vous dire, mais ne vous réglez pas sur leurs actes : car ils disent et ne font pas. Ils lient de pesants fardeaux et les imposent aux épaules des gens, mais eux-mêmes se refusent à les remuer du doigt*[1]. »

---

(1) Mathieu 23, 2-4.

*Trois sujets de société « qui fâchent »*

Le divorce est un fait de société dont l'Église ne peut pas ne pas tenir compte ; l'homosexualité en est un autre qu'il est un peu court de traiter de déviance et le sida est un fléau que l'éthique ne doit pas ignorer.

Si par rapport à ces trois sujets qui fâchent, l'Église a sans doute du chemin à faire, notre société – qui traverse une crise d'identité – est également appelée à se remettre en question.

Le *divorce* n'est pas la victoire du libre choix sur des siècles de conditionnement judéo-chrétien. Il est un drame pour l'enfant, une crise grave pour les conjoints et un coût social important pour la société. Dire que quand ça ne va plus dans un ménage, se séparer vaut mieux pour tout le monde et que les enfants s'en remettent n'est pas toujours faux mais loin d'être nécessairement vrai. Permettre à un conjoint, qui vit son couple comme un enfer de s'en libérer, est faire preuve d'humanité. En revanche, rabaisser le mariage au statut de simple contrat civil suspendu au bon vouloir des partis déstabilise la société et nuit à la santé mentale de la population.

Dans tout couple arrive un moment où un des conjoints a une bonne raison de claquer la porte. Pareille décision engage davantage que la personne concernée. Il s'agit d'un acte lourd de conséquences pour tout un environnement. C'est ainsi que notre société devrait gérer la question du divorce : sans culpabilisation, mais également sans banalisation.

Quant à l'attitude de l'Église face aux couples divorcés remariés, j'aborderai également la question au chapitre suivant. Je me borne à citer ici un extrait d'une déclaration des évêques de Belgique :

« Les chrétiens divorcés attendent un soutien de ceux qui partagent leur foi. C'est une chose pénible pour eux de ne pas pouvoir contracter un second mariage sacramentel. Aussi est-il bon que la communauté ecclésiale manifeste son soutien d'une autre manière. Les divorcés remariés deviennent plus nombreux dans nos communautés. Ils ne doivent pas se sentir exclus. Ils restent frères et sœurs dans la foi ; ils font partie de la communauté des croyants[1]. »

De *l'homosexualité*, Freud (1856-1939) disait qu'elle était une « variation de la fonction sexuelle par un arrêt du développement affectif »[2]. Il s'agit des nombreuses explications d'un phénomène aux multiples facettes. L'homosexualité n'est pas une maladie honteuse, mais une réalité humaine. J'y vois personnellement une blessure de l'affectivité, mais j'ajoute que je ne connais personne qui ne soit quelque part blessé affectivement.

Les concepts d'« hétérosexualité » et d'« homosexualité » furent inventés en 1869, afin de répertorier l'orientation sexuelle des humains avec un sérieux tout médical. La réalité est autrement plus complexe, car les préférences affectives de chacun sont rarement foncièrement unilatérales. L'orientation hétérosexuelle de nombre d'hommes et de femmes repose sur un fond d'ambiguïté sexuelle adolescente – ou ambi-sexualité – qui fait peur. C'est cette peur qui engendre les tabous, les rejets et le mâle mépris envers les « lopettes ».

---

(1) Les évêques de Belgique, *Choisir le mariage*, octobre 1998, p. 15.

(2) Lettre à la mère d'un homosexuel. Citée par Jones E., *La Vie et l'œuvre de S. Freud*, t. 3, Paris, Puf, 1969, p. 223.

Depuis toujours et partout dans le monde, une minorité d'humains vit avec une claire préférence homosexuelle[1]. Cette réalité est digne de respect, mais non interchangeable avec l'attirance pour l'autre sexe. Le corps est le langage de l'âme et notre corps est sexué : il appelle l'altérité sexuelle. L'Église considère donc l'union durable, fidèle et ouverte aux enfants entre l'homme et la femme comme une alliance unique en son genre. C'est pourquoi elle rappelle que la symbolique sociale se doit de protéger le mariage, dit « classique ».

Pour autant, le comportement homosexuel ne doit pas être considéré comme déviant ou pervers. Tant d'autres réalités affectives qui ne sont pas idéales ou souhaitables… dans l'absolu, n'en font pas moins partie de la condition humaine (le divorce, la peur de s'engager, la difficulté d'être fidèle…). Sans rendre les choses faciles, une orientation sexuelle autre n'empêche pas de mener une vie humaine à part entière – et parfois même d'accomplir un destin exceptionnel – à condition d'assumer cette différence affective avec lucidité[2].

---

(1) Difficile de donner des chiffres fiables en la matière. Ils tournent entre 2 % et 7 %.

(2) À ceux qui m'objectent le passage de saint Paul dans sa première lettre aux Corinthiens 6,10 : « *Ni impudiques, ni idolâtres, ni dépravés, ni pédérastres,… n'hériteront du Royaume de Dieu* », je réponds qu'il faut lire un texte dans son contexte. S'adressant aux nouveaux convertis de Corinthe (le Las Vegas de l'Antiquité), l'apôtre les invite à rompre avec les mœurs païennes de l'époque. Ce faisant, il ne visait pas une condamnation sans appel de toute personne ayant une orientation affective homosexuelle. N'oublions pas que chaque élection d'un pape se fait dans la chapelle Sixtine, dont le plafond et les murs ont été peints par un Michel-Ange (1475-1564), dont les penchants homosexuels étaient connus.

À l'instar de ce qu'écrivaient les évêques de Belgique bien avant l'adoption d'une loi sur le mariage homosexuel dans leur pays, je suis favorable à ce que la société aménage un statut spécifique pour accueillir les couples homosexuels stables :

> « Nous sommes conscients de la condition malaisée de certaines personnes homosexuelles. Parfois ces personnes aspirent réellement à une vie commune durable et exclusive, mais elles ne peuvent pas sceller leur union en contractant mariage. Nous pouvons comprendre qu'elles demandent instamment un statut particulier reconnu par le droit et par la société, avec des droits et des devoirs réciproques. Mais ceci reste une disposition purement légale, nullement un équivalent du mariage[1]. »

À mon sens, ce n'est pas par la fiction juridique d'un mariage unisexe que la politique aidera ces couples différents à trouver leur juste place. Le droit a assez de créativité pour mettre sur pied une institution – non pas mimétique – mais taillée sur mesure pour encadrer cette réalité autre. Appeler « mariage » l'union durable entre deux personnes du même sexe brouille les repères symboliques de la famille et donc de la société. Je ne pense pas que ce soit la meilleure façon de répondre au légitime besoin de reconnaissance des couples homosexuels. Ce sont les regards et les cœurs qui doivent changer.

Le phénomène homosexuel trouble et fait donc peur. C'est cette peur que chacun se doit d'apprivoiser, car celle-ci engendre le rejet. Si généreux soit-il, l'élan politique visant à éliminer toute trace de différence sociale fondée sur l'orientation sexuelle

(1) Cf. *Choisir le mariage*, octobre 1998, p. 21.

est peut-être encore un moyen subtil de gommer notre peur devant la différence. En gardant devant les yeux ces personnes homosexuelles de ma famille ou parmi mes amis proches, je n'exclus pas de lourdement me tromper en affirmant cela. Je demande seulement à chacun de prendre le temps d'y réfléchir.

Enfin, il y a le fléau du *sida*. L'Église a raison de rappeler qu'il ne suffit pas de parachuter des tonnes de préservatifs sur l'Afrique ou de mettre des distributeurs dans toutes les écoles, pour stopper le fléau.

À cet égard, nombre de personnalités publiques d'Occident ont condamné de récents propos du pape Benoît XVI, répondant à une question dans un avion le conduisant en Afrique. Avaient-ils seulement pris la peine de prendre connaissance du sens de la déclaration de Benoît XVI ? Citons la phrase polémique telle qu'elle est reproduite sur le site du Vatican : « Si on n'y met pas l'âme, si les Africains ne s'entraident pas, on ne peut pas résoudre ce fléau par la distribution de préservatifs : au contraire, le risque est d'augmenter le problème ». L'opinion occidentale a perdu de vue le contexte de la déclaration du pape : « Si on n'y met pas l'âme. »

Or, contextualiser est l'un des rôles premiers de l'information. Face à la polémique, le porte-parole du Vatican s'expliqua et remit le bout de phrase sur le préservatif dans son ensemble : Benoît XVI avait voulu dire que sans une éducation au sens humain de la sexualité et donc sans une responsabilisation de chacun, la simple distribution de préservatifs manquera son objectif. D'ailleurs, comme le montrent des études récentes (par exemple, en Ouganda), un recul significatif de la maladie passe par un comportement sexuel mieux canalisé au sein de la population.

Il s'agit d'éduquer au sens de la sexualité humaine qui est davantage qu'une hygiène des corps. L'acte sexuel est avant tout un langage de l'âme. Le sexe sauvage dissout toute stabilité affective. Une sexualité un tant soit peu apprivoisée est le ciment de la famille et donc de la société.

Ceci étant dit, la sexualité humaine reste fragile. La chasteté et la fidélité sont un idéal humanisant et constituent la meilleure protection contre le sida, mais celui qui adopte un comportement sexuel à risque doit utiliser le bouclier de latex. Si le pape n'a jamais dit cela explicitement – car tel n'est pas son rôle – il n'a jamais prôné le contraire. En revanche, des évêques se sont déjà clairement exprimés dans ce sens, tant à Paris qu'à Bruxelles.

*En conclusion…*

Quelle place pour ces « foutus » principes judéo-chrétiens ? L'Église gagne à éviter toute morgue quand elle interpelle la société, mais ne doit pas pour autant raser les murs. Son message est porteur d'une spiritualité authentiquement humaniste, capable de faire contrepoids au matérialisme qui ronge notre société.

Sans projet politique spirituel, le marché économique aura raison de l'homme. Insidieusement, il transformera les consommateurs que nous sommes, en produits de consommation. Une civilisation qui n'est gouvernée que par l'égoïsme est condamnée à mort en trois générations. L'histoire est là pour le rappeler.

Une vision d'enfance me vient à l'esprit : celle de la tartine au chocolat. Le chocolat donne la saveur et la tartine est nourrissante. La société ne peut offrir que du pain sec. Le chocolat est nécessaire. Il est ce petit luxe qui donne du goût. Cependant, quand la société n'ose plus proposer la tartine, mais gave exclusivement de chocolat, l'indigestion et l'écœurement sont inévitables. Le christianisme ne peut se conduire en censeur qui ne parle que de tartines et méprise le chocolat. Il est un guetteur qui rappelle à temps et contretemps, que l'homme ne vit pas que de chocolat… mais aussi de tartines. Les choses les plus vitales ne sont pas toujours les plus « sexy ».

Dans notre société de consommation, le client est considéré comme un roi. Tant qu'il s'agit de stratégie commerciale, cela est de bonne guerre. En revanche, quand les clients potentiels que nous sommes tous commencent à croire que telle est bien la réalité, la civilisation débouche sur une impasse.

L'Évangile prend l'homme à rebrousse-poil. Il lui dit :

« *Tu n'es pas un roi, mais un serviteur inutile*[1]. Ton service à la communauté n'a rien d'extraordinaire. Il est une chose tout à fait normale et néanmoins noble et vitale. »

---

(1) Luc 17, 10.

# 7

# LA LOGIQUE DU PHÉNIX : MORT ET VIE DU CHRISTIANISME

*Notre ultime escale nous ramène au port d'attache : Le christianisme va-t-il mourir, ou tel le phénix renaître de ses cendres ?*

*Le lecteur se doute bien de ma réponse. À lui de formuler la sienne.*

## *La crise inédite de l'insignifiance*

À l'époque où vivait Jésus de Nazareth, le Bassin méditerranéen avait une configuration politique précise. Après avoir battu « Cartage-la-rivale » et absorbé l'héritage grec, l'aigle romain dominait le monde. En Orient, seule la Perse lui résistait et au nord, les barbares ; ceux-là même qui envahiront l'empire un demi-millénaire plus tard, attirés par ses richesses.

Vivant sous la botte latine, les républiques hellènes étaient conscientes de l'héritage culturel légué aux maîtres du monde. Le grec était devenu la langue d'usage dans l'Empire. Rome leur était redevable d'à peu près tout, sauf le droit. Cependant, ces mêmes cités étaient trop divisées pour représenter un quelconque poids politique sur l'échiquier du monde. L'empire d'Alexandre le Grand n'était plus qu'un souvenir. Leader mondial en matière culturelle, la Grèce était un nain politique.

Deux millénaires plus tard, l'histoire des puissances se répète en bégayant. L'aigle américain a battu son rival soviétique et absorbé l'héritage européen. Désormais son modèle politique domine le monde. En Orient, la Chine est la seule qui offre une résistance culturelle efficace à l'Oncle Sam et cette fois, c'est du sud qu'affluent les masses « barbares » attirés par l'*eldorado* capitaliste.

Quant à la « vieille Europe », depuis la crise de Suez, ses empires coloniaux ont vécu. La langue de Shakespeare est utilisée par les magnats texans du pétrole ; les millionnaires californiens roulent en grosses cylindrées allemandes et la capitale mondiale de la mode reste Paris. Cependant – à l'instar de la Grèce d'autrefois – l'Europe est un nabot politique, incapable de surmonter ses divisions pour faire entendre sa différence sur la scène mondiale.

Il est pourtant un domaine où notre continent se maintient à la pointe de l'évolution humaine : celui de la sécularisation. Pour la première fois de son histoire, le plus dangereux rival du christianisme en Europe occidentale n'est, ni un concurrent religieux, ni un adversaire athée – tel jadis le marxisme – mais bien un sentiment diffus d'insignifiance : « La religion, quand elle n'est pas sectaire, c'est sympathique, mais à quoi bon ? On vit fort bien sans elle. Si elle est un confort psychologique pour certaines personnes, pourquoi pas ? À condition que celles-ci cantonnent leurs croyances dans la sphère privée et ne les imposent pas à toute la société. »

D'où cette inversion symbolique entre la sexualité et la religion. Il y a cinquante ans encore, le sexe était confiné à la vie privée, alors que la religion occupait paisiblement l'espace public. Aujourd'hui, c'est la sexualité qui est devenue une affaire sociale. Elle s'enseigne à l'école ; on lui consacre des lois et les médias lui font la part belle. Pendant ce temps, la religion s'est comme retirée sur la pointe des pieds dans la sphère de l'intime. Pour peu, elle deviendrait une question honteuse, un secret d'alcôve.

L'évaporation du sentiment religieux est un phénomène qui ne touche guère les États-Unis. *God bless America !* Il est de mauvais goût de se déclarer sans religion outre-Atlantique. Auprès de ce grand peuple de déracinés, l'ancrage religieux garde une réelle utilité sociale. Il rattache à une histoire et offre ainsi une identité. Du haut de son « indécrottable » complexe de supériorité culturelle, la vieille Europe contemple ce déconcertant cocktail de piété authentique et de *kitsch* utilitariste, avec un étonnement teinté de mépris[1].

(1) Cf. *L'Église de Judas*, *op. cit.*, p. 64.

L'indifférence paisible des Européens de l'ouest est-elle le symptôme de leur décadence ou annonce-t-elle, à l'échelle planétaire, un nouveau rapport au phénomène religieux ? Seul l'avenir nous le dira, mais je penche pour la seconde hypothèse. Du point de vue socioculturel l'Europe occidentale est encore et toujours le laboratoire du monde. C'est notre modèle de société qui s'exporte tous azimuts et dans celui-ci, la religion n'a d'autre ancrage culturel que celui du folklore.

À cet égard, le Japon est notre disciple le plus zélé. Soixante-dix pour cent de la population s'y déclarent sans religion. Plus récent qu'en Europe, ce phénomène s'y développe avec d'autant plus de rapidité. Pour une majorité de Japonais, la religion appartient au passé et reste bien loin d'une recherche de sens dans le présent.

Quant à l'Européen moyen, il assume aujourd'hui son héritage chrétien de façon globalement non conflictuelle. Beaucoup affectionnent l'église de leur village, comme d'autres pratiquent le folklore wallon ou celte. À certains moments de l'année, nos concitoyens réveillent même le monde endormi. Une bonne bouffée de nostalgie est sympathique et sans danger. Le soir de Noël, elle draine les foules vers la messe de minuit, mais n'aura guère d'impact sur la vie.

Sans ancrage dans le quotidien, la religion n'est plus signe de grand-chose et devient donc gentiment « insignifiante ». Quoi qu'ils en disent, la plupart de nos contemporains sécularisés gardent un solide capital de sympathie diffuse à l'égard de cette bonne vieille Église et de ses clochers qui percent l'horizon de villes et villages... Elle est un peu à l'image de ces grands-mères qu'on aime plutôt bien, même si elles radotent un peu, mais qu'on n'a que rarement le temps de visiter[1].

## *Une religiosité sans nom ni visage*

Alors que la religion institutionnalisée devient socialement insignifiante, la soif spirituelle de nos contemporains reste brûlante. Je le disais quelques chapitres plus haut : le nombre des agnostiques théoriques augmente en Occident – soit des personnes se déclarant « sans religion » – mais la masse des croyants « pratiques » est plus importante que jamais. Il s'agit de ceux qui, sans chercher à l'expliquer, croient qu'il y a un Bien à défendre et un Mal à combattre ; que la vie humaine ne peut dégénérer en loi de la jungle. Bref qu'il existe une transcendance et que celle-ci fonde les repères moraux les plus essentiels.

Loin des Églises et de leurs dogmes, cette religiosité anonyme amène l'homme contemporain au vagabondage spirituel et au bricolage des croyances[2]. Le domaine du spirituel est devenu un vaste marché, où chaque produit est sous la loi de la concurrence parfaite. Ce phénomène n'est pas que négatif, puisqu'il peut encourager la recherche personnelle. Néanmoins, une telle quête n'est pas sans risques. Elle condamne le plus grand nombre à la superficialité. L'autodidacte qui apprend simultanément la guitare, le trombone et la grosse caisse a toutes les chances – sauf s'il s'agit d'un génie musical – de ne jamais parvenir à jouer convenablement d'un instrument de musique. De même, celui qui ne se frotte pas durablement à une tradition religieuse

---

(1) Cf. *L'Église de Judas, op. cit.*, p. 41.

(2) Lire : Hervieu-Léger, D., *Le Pèlerin et le Converti. La religion en mouvement,* Flammarion, 1999.

– quitte à s'en détacher par la suite – court le risque de parler le langage du spirituel, sans jamais en avoir maîtrisé le moindre alphabet. Le phénomène en vogue du *cheap buddhism* – le bouddhisme au rabais – et autres chamanismes ou soufismes de bazar, illustre cela à souhait[1].

Mis à part quelques belles réussites spirituelles, la religiosité sans religion profite surtout au marché économique. Moins les racines spirituelles des humains sont profondes et plus la logique de consommation les contrôle. En se dégageant du carcan des religions révélées, l'homme devient une proie pour l'église du Capital, ayant pour dogme l'accumulation de richesses, pour morale la maximalisation du profit et pour rite la consommation.

Là où les grandes traditions spirituelles donnent d'apprivoiser la transcendance et préservent de sombrer dans l'irrationnel, la religiosité *free lance* ouvre, en outre, la porte au retour de la magie avec ses dérives ésotériques. Forts de leur refus d'adhérer au moindre dogme, nos contemporains n'en sont que plus friands de croire n'importe quoi. Alors, les druides se réveillent, les fontaines se réenchantent et les anges se perdent sur terre. Alors, fleurissent les tarots, les horoscopes et autres boules de cristal. Alors, la culpabilité judéo-chrétienne cède le pas aux antiques tabous, vecteurs d'une peur anonyme et déresponsabilisante.

L'univers magique est une régression infantile. Il invite à fusionner avec un monde matriciel. À ce paganisme diffus, je préfère de beaucoup la révolte lucide de l'humanisme athée.

---

(1) Ma remarque ne vise nullement les authentiques conversions au bouddhisme, telle celle d'un Matthieu Ricard, ainsi que la grande tradition du soufisme (mouvement mystique musulman).

### *Réagir…*

Les chrétiens d'Occident réagissent diversement à cette lame de fond qui rend leur religion, lentement mais sûrement, insignifiante. Face à la désaffection des masses et au sentiment de vivre en décalage avec la société, plus d'un chrétien fidèle éprouve un sourd découragement.

Celui-ci s'exprime, qui par des comportements dépressifs, qui par le cynisme, qui par la recherche d'un bouc émissaire au sein de l'institution. (Selon les sensibilités plus traditionnelles ou progressistes, « le fautif » changera de visage.)

À côté de ces attitudes de démission larvée, un petit reste entre en résistance spirituelle. Il développe un comportement identitaire au nom duquel est rejetée toute forme de compromis entre l'esprit du monde et celui de Dieu. Certaines communautés évangélistes illustrent ce phénomène dans le monde protestant. De même, différents courants durs de l'orthodoxie ou mouvements catholiques qui se veulent la « garde prétorienne » du Vatican d'aujourd'hui – voire même de celui d'hier – participent à la même logique.

Il est un peu court de cracher sur ces tendances intégralistes, en les taxant de nostalgiques et réactionnaires. Elles représentent un sursaut d'adrénaline de la part du corps religieux que l'environnement social affaiblit. Voilà pourquoi ces courants exercent une réelle force d'attraction sur la jeunesse. Observons l'univers des monastères catholiques. Les congrégations qui ont courageusement tenté de se mettre au goût du jour grisonnent bien souvent sans voir entrer de recrues. En revanche, les couvents « tradi » regorgent de novices.

Faire à ces mouvements un procès d'intention en les traitant d'intégristes, ne sert qu'à davantage les durcir. L'interpellation que les Églises chrétiennes doivent leur adresser, se situe à un autre niveau, celui des objectifs : « Quel but poursuivez-vous ? » S'il s'agit de regrouper le dernier carré des forces vives dans un bastion bien défendu de contre-culture chrétienne, alors la « musculation » identitaire a atteint son objectif. Cela vaut tout de même mieux que de se résigner au lent naufrage de la foi chrétienne dans nos sociétés. Quelque part, cependant, je suis d'avis que le résultat sera le même.

Telle la marée montante, notre culture occidentale balaie tout sur son passage. Inutile de nous construire de gros châteaux de sables. Ils tiendront le temps de faire impression et puis seront effacés de la plage. Ainsi, ai-je connu des fils de familles « catho de chez catho » qui – après une éducation « tout bien comme il faut » – ont fini par goûter à la culture contemporaine… avec le zèle des nouveaux convertis !

Mon avis personnel est qu'entre la masse des chrétiens découragés et le petit nombre des intégralistes zélés[1], il y a un point commun : inconsciemment, ils n'attendent plus rien du monde contemporain et sont persuadés que le christianisme n'y a pas sa place.

Mon livre est écrit pour affirmer le contraire. Si le christianisme a conquis l'Empire romain au milieu de persécutions grandissantes, ce n'est pas par un repli ombrageux

(1) Une analyse plus fouillée nuancerait ce propos : tous les mouvements néo-traditionnels dans l'Église ne réagissent pas de la sorte.

dans un particularisme qui le préservait du monde païen[1]. Il fallut l'audace d'une inculturation authentique, annonçant l'Évangile en adoptant la langue, la pensée et l'organisation de l'antiquité gréco-romaine. À chaque tournant de l'histoire, c'est de l'inculturation chrétienne que dépend la capacité d'évangélisation. Incarner le christianisme dans une culture et une civilisation est la clef de son « développement durable ».

Le jésuite Matteo Ricci (1552-1610) avait fort bien compris cela. Missionnaire dans l'empire du Milieu, il s'habilla comme les lettrés chinois, maîtrisa leur langue et conversa avec l'intelligentsia locale en publiant des livres. Il devint proche de l'empereur et prêcha que la religion chrétienne n'est pas étrangère à la Chine, mais parachevait ce que leur culture multiséculaire avait de meilleur. Si on l'avait laissé faire, la Chine serait sans doute aujourd'hui chrétienne. Mais à Rome, le camp rigoriste fit condamner les avancées jésuites, avec pour motif que le monde païen est celui de Satan et qu'un vrai missionnaire ne lui doit aucune concession. Le chinois qui devenait chrétien ne pouvait que rompre avec son passé. Tout compromis ouvrait la porte au syncrétisme. Ricci fut désavoué et le christianisme rejeté par l'empire du Milieu comme produit occidental. En 1938, le pape Pie XI reconnut – un peu tard – le bien-fondé de l'inculturation en Chine. Avec le recul, sa condamnation apparaît comme une des plus grosses erreurs stratégiques de toute l'histoire de l'Église.

Les chrétiens doivent apprendre à se comporter avec les Européens du XXIe siècle, comme le firent les jésuites avec les

(1) Ce qui fut par contre la réaction du judaïsme après la destruction du temple de Jérusalem en 70.

chinois du XVI^e siècle. Le christianisme est la religion d'un Dieu devenu humain. Pareille religion n'est par définition étrangère à aucune culture.

L'Europe occidentale appelle une seconde évangélisation. Il ne s'agit pas en l'occurrence d'adapter l'Évangile à une culture étrangère, mais bien de faire saisir à nos contemporains que le christianisme a quelque chose à dire et à vivre dans notre société.

Il n'y a pas, d'une part, le monde qui change et, de l'autre, l'Église immuable. Les chrétiens vivent tout à la fois dans le monde et dans l'Église. Sauf à devenir schizophrènes, ils n'ont que trois choix : quitter l'Église pour le monde, ce que beaucoup font sur la pointe des pieds ; quitter le monde pour une Église hors du temps, tels certains intégralistes ; enfin, bâtir une Église bien de ce monde. « *Ils ne sont pas mondains, comme moi je ne suis pas mondain. Je ne te prie pourtant pas de les enlever du monde, mais de les garder du Mauvais*[1]. »

C'est ce chemin-là que choisissent les chrétiens qui assument la culture d'aujourd'hui. Parfois ce faisant, ils se « plantent » royalement, mais cela ne leur sera pas reproché, car leur intention est sainte. Dans la parabole des talents, ce que le maître n'admet pas, c'est la justification du serviteur frileux qui n'a jamais voulu prendre de risque : « *J'ai pris peur, je suis allé enfouir ton talent dans la terre : le voici, tu as ton bien*[2]. »

C'est sur une évangélisation qui ose l'inculturation que je parie. Seulement à ce prix, l'Église sortira raffermie de la crise,

---

(1) Jean 17, 14-15.

(2) Matthieu 24, 25.

tel le phénix qui renaît de ses cendres. Pour y parvenir, il n'y a pas de potion magique. Comme tous, je n'y vois pas toujours clair, mais je maintiens que la seule manière de réagir efficacement à la crise d'insignifiance que nous traversons est de vivre l'Évangile comme signifiant. Qu'importe que les chrétiens soient minoritaires dans une société, tant qu'ils ne correspondent pas au cliché du grand dadais insipide.

Deux chapitres plus haut, j'ai argumenté que le christianisme gardait plus que jamais sa pertinence dans notre société. C'est dans la mesure où pareille pertinence se lit dans les rides de nos yeux, que nous donnerons aux hommes de ce monde le goût de l'Évangile. Je me répète : quatre-vingt pour cent de ce que nous communiquons sont de l'ordre du non-verbal. Si nous rayonnons de l'Évangile, cela se sentira. « *Vous êtes le sel de la terre. Mais si le sel vient à s'affadir, avec quoi le salera-t-on ? Il n'est plus bon à rien qu'à être jeté dehors et foulé aux pieds par les gens*[1]. » S'adapter au monde en mettant l'Évangile entre parenthèses n'est pas de l'inculturation, mais de la démission.

Soyons pour cette génération des semeurs d'Évangile, sans trop nous préoccuper des semences. Qu'importe si les oiseaux les mangent ou les ronces l'étouffent[2] ? Celles qui tombent en bonne terre, porteront du fruit en leurs temps. Pour ne pas vivre stressés ou découragés, ne cherchons pas à tout prix les prémices de cette moisson auprès de nos enfants et proches. Préparons le terrain et restons dans la paix. Il a fallu deux générations pour globalement déchristianiser l'Occident. Il en

(1) Matthieu 5, 13.

(2) Matthieu 13, 3-9.

faudra au moins autant pour voir germer les premiers bourgeons des semences d'aujourd'hui. « *Autre est le semeur, autre est le moissonneur*[1]. »

## *« Celui qui a des oreilles, qu'il entende ce que l'Esprit dit aux Églises*[2] *»*

À quoi ressembleront les Églises chrétiennes d'ici cinquante ans ? Je n'en ai aucune idée. Cependant, comme tout un chacun, j'ai des attentes et des espérances. Ce sont elles que je souhaite présenter ici, conscient que mon avis n'est pas infaillible et que chacun sera en droit de le contester.

Pour parler de ce possible futur chrétien, je me propose de suivre la piste du « discernement œcuménique ». De quoi s'agit-il ? Des siècles durant, les Églises catholiques, orthodoxes et protestantes se sont forgées une identité par opposition à l'autre. Ainsi, depuis le XVI^e^ siècle, le mot « catholique » signifie surtout : « ni orthodoxe, ni protestant ». Fort heureusement, le mouvement œcuménique est venu aplanir les oppositions entre chrétiens, inspiré en cela par la parole du Christ : « *Qu'ils soient un comme nous, Père, sommes un*[3]. »

Jusqu'à présent, les efforts œcuméniques se sont concentrés sur le contenu de la foi. Les résultats ne se sont pas fait attendre : les chrétiens de toutes dénominations se reconnaissent désormais comme frères. Après de grandes avancées, le travail d'unification œcuménique bute cependant sur des obstacles

(1) Jean 4, 37.

(2) Apocalypse 2, 11.

(3) Jean 17, 22.

d'ordre dogmatique et institutionnel (rôle du pape, place des sacrements, ordinations des femmes, etc.).

Je me fais ici l'avocat d'un autre chemin, celui du discernement œcuménique. Dans l'expérience trinitaire, c'est l'Esprit qui est le trait d'union entre le Christ et son Père. L'unité chrétienne ne peut se faire que par le même Esprit. Il s'agit donc de se mettre à l'écoute de celui-ci, pour déceler là où il parle dans les Églises et en quoi cette parole peut enrichir d'autres traditions.

Dans chacune des confessions chrétiennes, l'Esprit parle aux Églises. Découvrir ce trésor et l'intégrer à son propre patrimoine rend plus fidèle à l'Évangile. L'Église catholique le sera d'autant plus, qu'elle sera authentiquement protestante et réellement orthodoxe. Entendons-nous bien : je ne prône pas une unité chrétienne sous forme de *patchwork,* empruntant des morceaux de traditions aux autres confessions. Il s'agit plutôt de se mettre en condition d'accueil et d'émerveillement devant la richesse spirituelle des Églises sœurs et se laisser ainsi convertir parce que l'Esprit y révèle. Alors seulement, n'entendrons-nous pas le Maître nous reprocher : « *Guides aveugles, vous filtrez le moustique et engloutissez le chameau*[1]. »

En tant que catholique romain, je crois que la plénitude de l'Esprit subsiste dans mon Église, mais cela ne signifie pas que celle-ci y soit partout à l'œuvre. En scrutant avec discernement la vie des autres dénominations chrétiennes, je pourrais fort bien découvrir de vastes trésors spirituels que le poids des habitudes nous a fait oublier. Ce seraient donc mes frères

(1) Matthieu 23, 24.

protestants et orthodoxes qui me rendraient plus catholiques… et inversement.

Chacune des trois grandes traditions chrétiennes met davantage en relief un des aspects fondamentaux de la vie ecclésiale[1]. À nous de les découvrir et d'en tirer les leçons qui s'imposent.

La force des protestants est de se centrer sur le cœur du message chrétien. « *Back to basics* », nous lancent-ils, « revenons à l'essentiel : la rencontre spirituelle avec le Christ et l'accueil de son Évangile qui sauve. » La confrontation avec le protestantisme peut aider, tant les catholiques que les orthodoxes, à jauger leurs vénérables traditions. En effet, ce n'est pas l'Évangile qui doit se mettre au service de la tradition, mais la tradition qui reçoit son sens de l'Évangile.

Les orthodoxes ont pour atout de célébrer le christianisme, plutôt que de le raisonner. Avec eux, la vie chrétienne est louange au Père par le Christ dans l'Esprit. La foi se vit comme une grande liturgie. Il en découle une remarquable intégration entre toutes les facultés humaines : raison et imagination, corps et esprit, justice et miséricorde, art et prière, prédication et célébration… La rencontre avec l'orthodoxie rappelle aux Occidentaux, tant catholiques que protestants, que la vie chrétienne prend l'intégralité de notre humanité pour l'unifier. On est chrétien avec tout son être – corps, cœur et esprit – afin de louer le Père. Il n'y a pas d'une part la théologie et de l'autre la vie de prière ; d'une part la justice et de l'autre la miséricorde ; d'une part la parole et de l'autre la liturgie. Ce ne sont pas des compartiments étanches, mais les éléments d'une dynamique unique.

(1) Cf. *L'Église de Judas, op. cit.*, p. 135.

Chez les catholiques, c'est l'aspect « structurel » de la vie en Église qui est accentué. Chaque baptisé est appelé à trouver sa juste place dans l'Église et reçoit la mission qui lui convient. Ce que les chrétiens orthodoxes et protestants peuvent apprendre des « papistes » est que le droit peut se mettre au service de l'Esprit. Il combat les forces centrifuges. Rome a le charisme de l'unité et rappelle aux protestants éparpillés et aux orthodoxes dispersés que, sans pour autant devenir monolithique, le christianisme ne peut se vivre éclaté.

Chaque tradition ecclésiale – réformée, orthodoxe ou catholique – peut ressourcer les autres en se mettant à l'école de l'Esprit. En confrontant la pratique des Églises chrétiennes sur des questions d'actualité, se dégagent des pistes de discernement pour l'avenir des communautés chrétiennes en général et de l'Église catholique en particulier. C'est ce que je vais essayer de démontrer, en traitant quelques dossiers « chauds » du moment.

Je le répète, l'analyse qui va suivre n'est pas infaillible. La parole d'un théologien n'est pas celle d'un concile. L'histoire apprend cependant qu'une Église figée, est une Église morte. Ici résonnent les paroles de Newman : « L'Église change pour rester la même[1]. » Comme théologien, j'ai le devoir de proposer des évolutions possibles, bien conscient qu'il appartiendra au seul magistère de mon Église de discerner le moment venu, si et dans quelles mesures certaines de ces propositions – dont la plupart sont loin d'être originales – correspondent aux voies du Seigneur… qui, comme chacun sait, sont impénétrables.

(1) Newman, J.H., *Essai sur le développement de la doctrine chrétienne*, Londres, Longmans, p. 40.

*Célibat consacré*

La question du célibat consacré est un sujet croustillant qui assure, aujourd'hui encore, un excellent taux d'audimat aux émissions télévisées. Quand se mélangent Dieu et le sexe, cela forme un sulfureux cocktail qui attise bien des petites curiosités.

Le célibat consacré n'est pas une obsession du pape actuel ou de sa curie, mais une tradition aussi vieille que le christianisme. La mémoire chrétienne enseigne que Jésus n'était pas marié. À sa suite, il conseillait aux disciples qui le pouvaient, de rester « *eunuques à cause du Royaume* »[1]. Quant à saint Paul, il fit l'éloge du célibat mais n'exclut pas le mariage. Parfois même, il le conseilla :

> « *Je voudrais que tous les hommes fussent comme moi ; mais chacun reçoit de Dieu son don particulier, celui-ci d'une manière, celui-là de l'autre. Je dis toutefois aux célibataires et aux veuves qu'il leur est bon de demeurer comme moi. Mais s'ils ne peuvent se contenir, qu'ils se marient : mieux vaut se marier que de brûler*[2]. »

Depuis ses origines, l'Église défend une double logique. Elle honore le célibat pour le royaume, qui souligne « dans la chair » la priorité du spirituel. Parallèlement, elle reconnaît le mariage comme un signe de l'amour de Dieu. Il y eut des évêques et des papes mariés ; d'autres étaient célibataires. Des groupes de veuves choisirent de ne pas se remarier pour s'occuper des indigents.

---

(1) Matthieu 19, 12. Certains disciples, dont saint Pierre, étaient, quant à eux, mariés.

(2) Première lettre de saint Paul aux Corinthiens 7, 7-9.

À partir du IIIe siècle, des ermites chrétiens et certains célibataires consacrés se regroupèrent pour vivre dans la pauvreté et l'obéissance à une règle. Ainsi naît la vie religieuse, qui se veut un rappel prophétique du Royaume de Dieu. Parce qu'il est et vit, le religieux signifie à notre monde que les enjeux terrestres ne sont pas ultimes.

Le prestige de l'état religieux était grand. Cela favorisa, dès le IVe siècle, la promotion du célibat des évêques[1]. Une certaine abstinence sexuelle fut même demandée à ceux qui étaient mariés[2]. Avoir comme pasteur un homme dont la vie affective manifestait la primauté du Royaume, était un signe fort de la puissance de l'Évangile. La philosophie néo-platonicienne ambiante, l'antique coutume de l'abstinence rituelle des prêtres païens, ainsi que le désir plus prosaïque de protéger les importants patrimoines ecclésiastiques contre des héritiers en ligne directe, ont accentué pareille dynamique… Non sans rencontrer à chaque époque de vigoureuses résistances.

Lors du concile in Trullo (692), les orthodoxes ont fixé leur pratique. Ils n'ordonnent que des évêques célibataires, tout en admettant des hommes mariés au degré subordonné de prêtre. Les communautés catholiques romaines de rite oriental pratiquent aujourd'hui encore cette discipline[3].

---

(1) Le pape Sirice (386), les conciles régionaux de Carthage (390, 401) et Tolède (400).

(2) En leur demandant, par exemple, de ne plus vivre maritalement avec leur épouse.

(3) Catholiques de rite ukrainien, maronites (Liban), coptes, etc.

L'Église catholique de rite latin a, quant à elle, confirmé sa pratique séculaire sous une forme juridique lors du deuxième concile du Latran (1139) en prônant le strict célibat des évêques et des prêtres. Les protestations contre pareille décision furent nombreuses. Elles se firent encore entendre au concile de Trente (1545-1563), tout particulièrement dans les rangs allemands. La position luthérienne n'était donc pas originale sur ce point-là, mais sa méfiance face au célibat consacré eut pour conséquence la disparition quasi générale de toute vie monastique dans le monde protestant.

Voilà pour le passé. Reste à se demander ce que l'Esprit dit aujourd'hui aux Églises. La tradition orthodoxe et catholique démontre à souhait que le célibat consacré est une grâce, car il donne à des hommes et des femmes qui en ont reçu l'appel, d'être jusque dans leur chair un rappel de la primauté du spirituel.

De nos jours, nombre de chrétiens déclarent qu'un tel engagement n'a aucun sens et qu'ils décourageraient un jeune désireux de s'engager sur cette voie. Ils n'en soulignent que davantage qu'un matérialisme puissant souffle sur les cœurs et dans les chaumières. Toute personne, ayant passé un temps dans un monastère, peut en témoigner. On y côtoie des personnes nullement extraordinaires, mais dont toute la vie est un signe explicite de Dieu. Ceci est précieux dans une société qui oblitère les enjeux spirituels de l'existence. Les Églises nées de la Réforme protestante auraient intérêt à renouer avec la richesse de la vie consacrée[1]. Pour ce faire, elles doivent vaincre une barrière toute psychologique : la crainte de sembler devenir trop « catholiques ».

---

(1) Le rayonnement de la communauté monastique œcuménique de Taizé, née dans le protestantisme, en est la plus belle illustration.

Reste la question du célibat obligatoire des prêtres diocésains, c'est-à-dire du clergé qui n'a pas fait de vœux religieux. Les ministres ordonnés dans les Églises catholiques et orthodoxes sont davantage que des baptisés en situation de responsabilité d'Église comme chez les protestants. Ils sont un signe vivant – un sacrement – du Christ qui rassemble et dirige son Église. Le prêtre manifeste par son être sacramentel que ce qui fait l'Église est d'abord le don de Dieu et non le choix des membres.

Le célibat consacré souligne cette symbolique. La pratique millénaire de l'Église catholique latine démontre que le célibat consacré donne à l'apostolat des prêtres une coloration bien particulière. En ouvrant le sacerdoce en Occident aux hommes mariés, le risque existe que le prêtre soit avant tout perçu comme un « employé d'Église », jaugé en fonction de compétences professionnelles. En outre, ouvrir l'accès à la prêtrise aux hommes mariés n'est pas la solution au manque de vocations. Nous vivons en Occident une crise de la foi et les séminaires ne refleuriront pas pour la cause. Enfin, l'expérience protestante démontre qu'un clergé marié impose de gérer bien d'autres casse-têtes. Que fera-t-on des prêtres divorcés-remariés ? Faudra-t-il les renvoyer ?

Les arguments en faveur d'un maintien de l'actuelle pratique du célibat sacerdotal obligatoire dans l'Église catholique latine ne manquent pas. Cependant, la vie des Églises catholiques orientales, orthodoxes et protestantes démontre que le ministère des prêtres ou pasteurs mariés est, lui aussi, fécond. Dès lors, en cas de pénurie de vocations célibataires à la prêtrise, la question à se poser est ce qui reçoit la primeur : les besoins pastoraux du moment ou la richesse d'une tradition millénaire ? La pratique protestante rappelle avec pertinence qu'aucune tradition ne peut devenir un obstacle à l'évangélisation et l'œuvre de l'Esprit.

Un assouplissement de la discipline du célibat sacerdotal permettrait d'ordonner une série de jeunes gens – ou hommes d'âges mûrs – se sentant appelés à devenir prêtres, sans avoir la volonté de rester célibataires ou étant déjà mariés. Quant aux prêtres ayant opté pour la prêtrise célibataire, ils donneraient un témoignage d'autant plus éclatant. Il est, en effet, lassant d'entendre le bon peuple murmurer à longueur de journées : « Le pauvre n'a même pas eu le droit de se marier ! »

Que conclure ? Le célibat sacerdotal fait partie du patrimoine de notre Église latine. Changer cela ne sera pas sans profondes conséquences sur la texture humaine et l'ambiance spirituelle de notre vie en Église. Cependant, par les temps qui courent, l'Église est en droit de s'interroger sur la nécessité de franchir ce Rubicon.

Prendre une telle décision n'appartient qu'au magistère et elle n'est pas facile à prendre car de bons arguments existent de tous côtés. Si un jour le changement devait l'emporter, je suggère d'opter pour une triple filière d'accès au sacerdoce.

D'une part, il y aurait l'accueil préférentiel d'hommes ayant le charisme du célibat. Après le temps de la formation, l'Église leur confierait une responsabilité pastorale. Cependant, afin d'éprouver leur vocation au célibat, ils ne seraient ordonnés qu'après un temps de pratique pastorale. Ces prêtres célibataires seraient en outre encouragés à vivre de manière souple une certaine vie communautaire, afin d'avoir plus de chance de tenir dans une société fort érotisée.

Une seconde filière serait parallèle à la première. Elle accueillerait de jeunes hommes souhaitant se marier ou l'étant déjà. Ils recevraient une formation théologique équivalente aux premiers et seraient ensuite engagés au service de l'Église avec un salaire suffisant pour nourrir une famille. Après au moins dix années de pratique pastorale et ayant formé un couple stable, le candidat recevrait – s'il en fait la demande et si l'évêque l'en juge apte – le diaconat. Dix ans plus tard encore, les enfants ayant grandi, il pourrait être ordonné prêtre. Ce double délai permettrait de s'assurer de la solidité de son couple et éviterait, de la sorte, la question des prêtres divorcés. Un tel système est viable, si l'ordination est considérée comme un appel d'Église et non comme une récompense. Certains candidats serviraient l'Église leur vie durant tout en restant laïcs. Ayant un salaire équivalent et des responsabilités adaptées, ils n'en deviendraient pas pour la cause des agents pastoraux de seconde zone.

À côté de ses deux filières qui s'adressent plutôt à de jeunes gens, une troisième forme d'accès à la prêtrise serait réservée aux régions souffrant d'une pénurie de prêtres. Dans de tels endroits, l'évêque appellerait un paroissien d'âge mûr – reconnu par sa communauté pour ses qualités humaines et pastorales – à suivre une formation théologique sommaire, en vue de servir bénévolement comme prêtre dans sa région. Le mot « prêtre », qui signifie en grec « l'ancien »[1], retrouverait avec cette ultime filière un peu de son sens originel.

Je clos le sujet, en m'adressant à tous ceux qui pointent du doigt la « misère » du célibat consacré et les dérives qu'elle enfante. Il existe, de fait, une pauvreté du célibat, mais soyons

(1) *Presbyteros.*

lucides : elle n'a rien à envier à celle du mariage. Oui, il y a eu des prêtres ayant commis le grave délit de pédophilie, mais rappelons tout de même que plus de quatre-vingts pour cent des cas d'abus sexuel sur des mineurs sont de l'ordre de l'inceste. Personne ne songe pour la cause à déclarer la vie familiale hors-la-loi.

Un célibat épanoui n'est possible que si le prêtre est conscient que, tout en vivant chaste, il ne peut se passer d'un épanouissement affectif par d'authentiques amitiés. Jésus avait des amitiés fortes. Un disciple n'est pas au-dessus de son maître.

Cependant, tout comme dans l'amour, l'amitié n'est pas une fusion de deux êtres. Mariés ou célibataires, chacun est toujours quelque part radicalement seul. Jésus connaissait pareille solitude. En cela non plus, le disciple n'est pas au-dessus de son maître. Comme tout adulte, le célibataire consacré doit apprivoiser son désert intérieur : c'est souvent là que Dieu lui parle. Alors le célibat du prêtre devient signifiant, car les hommes sentent que ce choix de vie le rend davantage signe d'Évangile et disponible aux appels de l'Esprit.

### *La place de la femme dans l'Église*

Après avoir parlé du célibat consacré, abordons une autre question « chaude » du moment : la place de la femme dans l'Église.

Par rapport à la culture de son époque, Jésus avait une attitude assez remarquable avec les femmes, tout à la fois empreinte de familiarité et d'émerveillement. La gent féminine saisit, comme par instinct, la mission de l'homme de Nazareth. Alors que les disciples masculins restent bloqués dans leur fantasme messianique (si Jésus est le Messie, c'est pour chasser les Romains et rétablir la souveraineté d'Israël), les femmes percent quelque chose de son mystère d'amour, poussant ainsi le Fils de l'homme à davantage se révéler. « *Ô femme, grande est ta foi !* »[1] dit-il à une étrangère qui lui arrache la guérison de sa fille. « *Ta foi t'a sauvé* »[2], murmure-t-il à la pécheresse qui pleure à ses pieds.

Le matin de Pâques, ce furent encore des femmes qui se présentèrent au tombeau. La rationalité masculine avait pris acte, qu'avec la croix tout était bien fini. Le sexe « faible », lui, continuait à aimer Jésus par-delà l'évidence brutale de sa mort. Un tel amour a offert aux femmes la primeur du matin de Pâques.

L'histoire chrétienne n'en est pas moins marquée par les préjugés d'une société patriarcale. Déjà la première lettre à Timothée serre les boulons :

> « *Je ne permets pas à la femme d'enseigner ni de faire la loi à l'homme. Qu'elle garde le silence. C'est Adam en effet qui fut formé le premier, Ève ensuite. Et ce n'est pas Adam qui se laissa séduire, mais la femme qui, séduite, se rendit coupable de transgression. Néanmoins elle sera sauvée en devenant mère, à condition de persévérer avec modestie dans la foi, la charité et la sainteté*[3]. »

Si la tête de l'Église – ses chefs et penseurs – est masculine, son cœur et ses reins sont féminins. Des mères convertissent leurs fils volages, telles sainte Hélène avec l'empereur Constantin

---

(1) Matthieu 15, 28.

(2) Luc 7, 50.

(3) Première lettre de saint Paul à Timothée 2, 12-15.

(IV$^{e}$ siècle) ou sainte Monique avec le futur saint Augustin (IV$^{e}$ siècle). Des reines consorts obtiennent le baptême de leur époux païen, à l'instar de Clotilde femme de Clovis (début VI$^{e}$ siècle). Des vierges consacrées se font rempart contre les armées barbares, comme sainte Geneviève (V$^{e}$ siècle) à Paris.

Prétendre que l'Église ait jadis enseigné que les femmes n'avaient pas d'âme, est donc de l'ordre de l'« intox » la plus totale. Mais comme chante le poète à propos de la rumeur : « Plus c'est faux, plus c'est vrai. Plus c'est gros, plus ça plaît. » Dès les premiers siècles, les femmes portent le destin de l'Église sur leurs hanches et à bout de larmes. Aujourd'hui encore, ce sont surtout elles qui catéchisent les enfants et font vivre les paroisses.

C'est donc tout sauf un hasard si l'« Église » est personnifiée au féminin et si – dans les traditions catholiques et orthodoxes – l'icône et le prototype du peuple de Dieu est Marie, celle qui porta en son sein le Verbe de Dieu. L'Esprit féconde la vie du chrétien, afin qu'il mette spirituellement le Christ au monde. Symboliquement, l'expérience chrétienne s'adresse d'abord à la part féminine en chacun de nous. Il n'est, dès lors, pas surprenant que la majeure partie des femmes aient à cet égard une longueur d'avance par rapport à la mâle moitié de l'humanité.

Un siècle de militantisme féministe a cependant bouleversé la donne. Aujourd'hui, les femmes votent et ont accès à toutes les professions de la vie civile. Il n'est, en conséquence, pas surprenant que monte la revendication d'un autre partage des responsabilités au sein de l'Église.

Même si le Moyen Âge a connu des abbesses portant mitre et crosse, l'autorité pastorale a longtemps été le monopole du sexe fort. Écarter le malaise en arguant qu'au sein du peuple chrétien, la notion de « pouvoir » n'existe pas et qu'il n'y est question que de « service », esquive la question en spiritualisant le débat. Il est évident que tout pouvoir spirituel devrait être vécu comme un service – même si l'humaine réalité offre parfois un tableau autrement plus prosaïque – mais ce n'est pas une raison pour en exclure la moitié féminine de l'humanité.

Nous vivons dans une civilisation qui prône le partage équitable des charges et responsabilités entre l'homme et la femme. Il est impensable que les Églises n'intègrent pas cette donne culturelle dans leurs modes de fonctionnement. La question est, si ceci doit se faire sous le mode de la parité, ou sous celui de la complémentarité.

Les Églises issues de la Réforme optent pour la parité : ce qu'un homme peut faire dans l'Église, une femme le fera tout aussi bien. Voilà donc quelques années que la plupart des traditions chrétiennes réformées ordonnent des femmes pasteurs et évêques. Force est de reconnaître que personne ne semble s'en plaindre et que l'Esprit souffle autant à travers elles, que par l'entremise de leurs collègues masculins. La preuve est donc faite – si besoin en était – que les femmes sont aussi capables que les hommes, quand il s'agit de remplir de hautes responsabilités dans les Églises.

Reste cependant la question de la complémentarité. Même si tout être masculin porte en lui une part féminine et vice versa, l'homme et la femme sont des variations sur le thème de l'humanité. C'est de la conjugaison de leurs deux univers que jaillit la symphonie d'une civilisation. Les hommes viennent de Mars et les femmes de Vénus titrait un livre à succès, voilà pourquoi ils se retrouvent sur terre !

La pratique des Églises catholique et orthodoxe, qui réservent l'ordination sacerdotale aux hommes, n'est pas que le reflet d'une mentalité patriarcale surannée. Elle invite à une réflexion sur la complémentarité entre les sexes, symboliquement manifestée par le mode de fonctionnement dans l'Église. Pour poser la question en termes théologiques : il s'agit de savoir si le fait que le Verbe de Dieu se soit incarné comme mâle, est indifférent ou non quant à la structure de l'Église.

Soit, on conclut que cela est théologiquement non pertinent ; qu'il fallait bien que Dieu opte pour l'un des deux en s'incarnant. On citera à cet effet saint Paul : « *Il n'y a ni homme ni femme ; car tous vous ne faites qu'un dans le Christ Jésus*[1]. »

Soit, on juge qu'il est signifiant pour la vie des Églises que le Sauveur soit masculin, car le Christ révèle en plénitude le rapport entre Dieu et la création. Dieu a un rapport symboliquement masculin à l'humanité. Il l'ensemence de son Esprit pour la rendre féconde. C'est pourquoi on l'appelle « notre Père ». La Création en général et l'Église en particulier, participent davantage à la symbolique féminine. Le principe féminin dit la Création[2], comme Marie dit l'Église. À l'instar de Marie, l'Église est appelée à accueillir l'Esprit et à ainsi devenir féconde du Christ, pour le mettre spirituellement au monde à chaque époque et en tout lieu.

Dans la théologie protestante, le pasteur est un baptisé en situation de responsabilité. Il en va autrement pour les traditions catholiques et orthodoxes. Le prêtre y est un signe

(1) Lettre de saint Paul aux Galates 3, 28.

(2) La génétique nous apprend que le principe féminin est premier. Le sexe mâle est une ruse de la nature pour se reproduire.

sacramentel du Christ, tête de l'Église[1]. Dans cette optique, il y a une cohérence à ne conférer la prêtrise et l'épiscopat qu'à des hommes. Ce choix manifeste que – signe sacramentel du Christ – le sacerdoce ministériel participe à une symbolique spécifiquement masculine[2]. En appelant le prêtre « Père », le peuple chrétien manifeste qu'il voit en cet homme le sacrement du Christ, seul vrai prêtre[3] d'un Dieu, seul vrai Père.

La position des Églises catholique et orthodoxe a sa cohérence, mais ne peut justifier que l'on laisse aux éminences le soin de faire de belles conférences sur la grâce d'être femme… pendant que des religieuses leur servent du café. De plus en plus de femmes acquièrent une excellence théologique et se révèlent avoir le charisme de l'autorité. Les Églises ne peuvent plus se priver de leurs services : une touche de féminité dans les plus hautes sphères ecclésiales fait du bien à tout le monde.

Certains évêques ont intégré cette donne, en associant étroitement des femmes à leur action pastorale. Le droit de l'Église ne permet pas de conférer à celles-ci le titre de « vicaire épiscopal », fonction pour laquelle il faut être prêtre. On les appelle donc « déléguées épiscopales ».

---

(1) Lettre de saint Paul aux Éphésiens 1, 23.

(2) L'argument de la tradition continuée « depuis Jésus on a toujours fait ainsi » a du poids – car une tradition continue dans une question aussi importante, peut être le signe de la volonté divine – mais n'est à mon avis pas suffisant. Il y a tant de choses déclarées immuables, qui ont changé le moment venu. L'Église, elle-même, a très tôt adaptée les critères d'appel au ministère que Jésus avait fixé. Le Christ avait choisi pour s'entourer douze hommes juifs. Les évêques sont aujourd'hui bien plus de douze et peu sont encore juifs.

(3) Épître aux Hébreux 7, 15-19.

En prolongeant pareille pratique jusqu'au bout de sa logique, j'imaginerais fort bien des femmes dirigeant un dicastère[1] romain et étant élevées – et pourquoi pas ? – à la dignité de cardinal (dignité qui, théologiquement, n'implique pas la nécessité d'être prêtre).

Tout ceci demande une réflexion théologique (jusqu'où peut-on exercer une responsabilité pastorale sans ordination ?) et une modification du droit canonique, mais cela n'a rien d'insurmontable. Ne peut-on imaginer le Conseil pontifical pour la famille dirigé par une mère de famille voire un couple, ou encore la congrégation pour les religieux, ayant à sa tête une religieuse[2] ?

Il suffit de voir le nombre de femmes catéchistes, enseignantes en religion, ou animatrices pastorales pour s'en convaincre : inviter les femmes qui en ont le charisme à exercer une responsabilité dans l'Église, est un acquis pour tout le peuple chrétien. En outre, ceci permet de discerner avec davantage de sérénité et non plus sous la pression de revendications, ce que l'Esprit dit réellement aux Églises sur la problématique de l'ordination ministérielle[3].

---

(1) L'équivalent d'un département ministériel dans un État.

(2) Plus de deux tiers des religieux de par le monde sont, en effet, des femmes.

(3) L'accès des femmes à l'ordination diaconale semble moins problématique : des diaconesses ont existé au cours de l'histoire ancienne. Si le diaconat fait partie du sacrement de l'ordre, c'est parce que le diacre signifie sacramentellement le Christ serviteur de l'humanité et non pas – comme les évêques et prêtres – le Christ pasteur qui rassemble son Église. Le diaconat n'est donc pas investi de la symbolique sacerdotale du rapport masculin entre Dieu et l'Église.

*Le péché qui dure…*

Après la question du célibat consacré et celle du rôle des femmes dans l'Église, je voudrais aborder un troisième sujet délicat : la situation de ceux et celles qui se sont écartés durablement des exigences de leur baptême.

À leur encontre, l'Évangile affiche une position paradoxale. C'est le même Christ qui dit : « *Vous donc, vous serez parfaits comme votre Père céleste est parfait* »[1] ou encore « *Si tu veux être parfait, va, vends ce que tu possèdes et tu auras un trésor dans les cieux ; puis viens, suis-moi* »[2], qui annonce que les ouvriers de la dernière heure seront rétribués de la même manière que ceux qui ont peiné toute la journée[3] et ajoute : « *Ne jugez pas, afin de ne pas être jugés* »[4] ou encore « *Dieu n'a pas envoyé son Fils dans le monde pour juger le monde mais pour que le monde soit sauvé par lui* »[5].

Bref, si l'Évangile exige tout de l'homme, il comprend tout et pardonne tout. La question qui nous occupe est de savoir comment les Églises intègrent, dans leur pratique quotidienne, pareille tension entre un idéal absolu et une miséricorde inconditionnelle. Comment traiter ceux qui vivent une situation qui les met en contradiction objective avec les promesses de leur baptême ?

---

(1) Matthieu 5, 47.

(2) Matthieu 19, 21.

(3) Matthieu 20, 1-16.

(4) Matthieu 7, 1.

(5) Jean 3, 17.

Au cours des premiers siècles, il n'existait qu'une seule seconde chance pour celui qui avait commis un péché important (meurtre, adultère, apostasie…). Exclu de la communion eucharistique, voire même de toute vie ecclésiale, il était réintégré au cours d'une cérémonie de confession publique et ceci, après un temps de pénitence qui pouvait durer jusqu'à plusieurs années.

Découragés par la sévérité d'une telle démarche, beaucoup de chrétiens ordinaires restaient catéchumènes toute leur vie et ne demandaient le baptême que sur leur lit de mort[1]. Avec la généralisation du baptême des petits enfants, pareille coutume perdait sa raison d'être. Ce sont les moines irlandais qui apporteront une solution au Haut Moyen Âge, grâce à la confession individuelle avec pénitence tarifée.

La confession offre à l'Église une approche sacramentelle, à la fois souple et exigeante. Elle s'applique à ces péchés qui s'achèvent une fois éteints les feux de la passion, alors que le pénitent entre dans le confessionnal rempli de contrition. En revanche, elle ne règle pas la situation de ceux qui vivent durablement une « irrégularité » par rapport à ce que l'Église demande. Je pense avant tout à la situation des divorcés-remariés.

Comment en est-on arrivé là ? « *Ce que Dieu a uni, l'homme ne doit point le séparer*[2]. » En digne héritière du droit romain, l'Église catholique fait de l'idéal matrimonial prôné par le Christ, une loi religieuse. Signe sacramentel de l'alliance fidèle

(1) Ainsi l'empereur Constantin (285-337) qui implanta la foi chrétienne dans l'Empire romain.

(2) Matthieu 19, 1-9.

et jamais répudiée entre Dieu et les hommes, le mariage chrétien est monogame et non dissoluble. Mis à part le décès du conjoint, la seule porte vers une nouvelle union passe par une laborieuse procédure de vérification que le mariage ait été consommé ou validement conclu[1].

Il fallut à l'Église d'Occident près de mille ans pour que l'indissolubilité du mariage s'enracine durablement dans les mœurs. Le « saint »[2] empereur Charlemagne, mort en 814, avait répudié une de ses quatre femmes. Au décès de la dernière, il prit encore cinq concubines[3]. Au cours de siècles, il est arrivé qu'un pape reconnaisse la nullité d'une union royale pour des raisons plus politiques que religieuses ou parce que la reine ne donnait pas d'héritier. À l'époque, le bien du prince était celui de tout le peuple et les mariages des grands étaient avant toute chose des alliances politiques. De leur succès dépendait la paix en Chrétienté. Si vers 1520, le pape Clément VII répugne à reconnaître la répudiation de Catherine d'Aragon par Henri VIII d'Angleterre[4], ce n'est pas tant par scrupules religieux, que parce que la reine était la nièce de Charles-Quint, que le pontife voulait d'autant moins vexer que ses troupes venaient de mettre Rome à sac.

Mis à part ces « exceptions princières », la pratique catholique réussit progressivement à inculquer une stabilité conjugale. Elle protégeait la femme mariée que son conjoint ne pouvait

(1) Les dispenses pour mariages non consommés et les procédures de déclaration en nullité de mariage.

(2) Sa canonisation n'est que locale et populaire, mais tout de même…

(3) Officielles car l'empereur était fort généreux de ce point de vue-là.

(4) Le refus du pape entraînera le schisme anglican.

répudier pour une plus jeune. L'Église catholique reste fidèle à ce principe. Aujourd'hui encore, le remariage des divorcés n'est pas reconnu en son sein. La discipline ecclésiastique n'exclut plus de la vie ecclésiale ceux qui vivent en situation de couple reconstitué, mais elle leur demande de s'abstenir de communier ou de recevoir l'absolution en cas de confession.

Dans une culture où le divorce touche au moins un couple sur trois, ceci occasionne des problèmes pastoraux sérieux. Beaucoup de prêtres – même forts classiques – bricolent une pastorale pour ne pas laisser toutes ces unions sans aide spirituelle. Ils leur donnent la communion et bénissent une deuxième union, tout en rappelant qu'il ne s'agit pas d'un sacrement. Bref, dans les cœurs comme dans les sacristies, il y a beaucoup à faire pour que la confusion ne règne pas.

La flambée des divorces pose moins de problèmes aux protestants. Luther ne voyait pas dans le mariage un sacrement, mais une simple alliance de vie. À l'instar de toute autre aventure humaine, celle-ci est tributaire de la faiblesse et du péché. Pour Luther, le divorce remédie à des situations inextricables, qui mettent de ce fait l'âme des conjoints en péril. En cas d'adultère, d'aliénation mentale, d'abandon et parfois même d'impossibilité d'aimer, une dissolution du lien conjugal est donc admise.

La discipline protestante paraît faire preuve de plus de réalisme et d'humanité que celle des catholiques. Cependant, la question du repère symbolique se pose. Au sein des Églises réformées, le risque de banaliser le divorce est réel. La dissolution du mariage y devient un événement ordinaire, et donc sans impact ecclésial.

Ainsi, il n'est pas exceptionnel que des pasteurs ou évêques réformés soient divorcés-remariés. Loin de moi l'idée de juger la personne ou sa compétence. J'invite cependant à une réflexion sur le poids symbolique de pareille pratique. Le rôle premier de la loi ecclésiale n'est pas de sanctionner les éventuels contrevenants, mais de fixer un repère de vie chrétienne. Une Église, où l'échec conjugal n'est en rien incompatible avec l'octroi d'un ministère pastoral, manifeste implicitement que l'idéal du mariage indissoluble y est considéré comme trop désincarné pour encore avoir des conséquences ecclésiales. Pourquoi s'échiner à ériger une ligne de défense, quand la bataille est jugée perdue d'avance ?

Entre rigueur romaine et souplesse réformée, la tradition orthodoxe tient une position subtile. Celle-ci fut définie au cours du concile in Trullo (692).

Pour les orthodoxes, l'Évangile est porteur d'une exigence de sainteté qu'il ne s'agit pas de banaliser. Ainsi, l'idéal du mariage indissoluble doit être honoré. Cependant, la nature humaine est fragile, ce que les responsables d'Église ne peuvent ignorer, car trop de rigueur détourne les âmes du Christ.

Les évêques ont dès lors pour mission d'agir en « économes » de la grâce d'un Dieu, dont la miséricorde rejoint l'homme jusque dans ses échecs et son péché. Un tel principe d'« économie » permet de reconnaître – moyennant le respect de certaines conditions et une éventuelle pénitence pour le conjoint responsable – un second mariage, sans pour autant déroger à l'idéal du mariage indissoluble. « L'économie » n'est pas une exception faite à la loi ecclésiastique. Elle prend acte de situations « hors-la-loi » en vue du bien spirituel de ceux que les circonstances de la vie ont éloignés de l'idéal évangélique.

L'Occident n'est pas habitué à ce genre de réflexion. Chez nous, une loi doit être appliquée, sauf dispense préalable. Quand la règle n'est plus applicable, il faut la modifier. Le principe orthodoxe d'économie raisonne en d'autres termes. Il voit en l'idéal de l'Évangile non pas une pratique à appliquer, mais une loi de sainteté. Confrontée à notre humanité, pareille loi se trouve régulièrement en décalage avec la réalité. C'est donc aux pasteurs que revient la charge de veiller à ce que, tout en ne dénigrant pas la loi, certaines situations humainement bloquées ne se transforment pas en impasses spirituelles.

Le principe orthodoxe d'économie pourrait être une source d'inspiration pour les Églises d'Occident, tant catholiques que réformées. Sans occulter la portée symbolique de l'idéal du mariage indissoluble, il débloquerait le cas des divorcés-remariés ainsi que certaines autres situations durables de décalage par rapport à l'idéal chrétien.

Évidemment, il y a un risque. Le commun des mortels pourrait voir en tout assouplissement une banalisation du divorce « puisque l'Église l'admet ».

### *Dessine-moi une Église*

Abordons une dernière question d'actualité : le fonctionnement en Église. Sous qu'elle forme organisationnelle le christianisme a-t-il le plus de chance de se développer, à l'heure où se mondialise le modèle culturel occidental ?

Les communautés issues de la Réforme ont opté pour un modèle démocratique (gouvernement par le peuple) et élisent leurs responsables. Les Églises orthodoxes ont adopté un système davantage « aristocratique » (gouvernement par l'élite).

Ce sont les synodes entourant les patriarches qui y prennent les grandes décisions. Enfin, la hiérarchie catholique, qui gouverne près de 70 % de la population chrétienne mondiale, fonctionne selon un mode plutôt « monarchique » (gouvernement par un seul), de par le rôle centralisateur de la papauté en son sein.

En politique, je suis un démocrate convaincu : dans une société pluraliste, seules des élections libres donnent aux dirigeants une légitimité. En matière religieuse, mon avis diffère. L'Église n'est pas une société pluraliste, mais une communauté de croyants. Quand je compare la relative unité de foi et de discipline des catholiques à l'éparpillement des forces protestantes ou à la multiplication des Églises orthodoxes, je défends à contre-courant de beaucoup que – plus que jamais – le bien du christianisme exige que « tous les chemins mènent à Rome ».

Au lieu de scruter les Écritures en vue de trancher si, oui ou non, Jésus a voulu confier au pape le rôle de successeur de Pierre, il est plus judicieux de considérer les fruits que le rôle « pétrinien[1] » a apportés au christianisme. Malgré des abus et dérapages, la papauté a permis à une majorité de chrétiens de traverser les siècles et les cultures en conservant une unité de doctrine et de mœurs. Il y va de l'intérêt de tous les chrétiens que ce rôle puisse continuer à s'exercer et même se renforce. Ceci, à condition de ne pas déborder de sa fonction.

En clair, je suis favorable à une papauté forte – gardienne de la foi, de la morale et de la communion des Églises – mais

(1) Ce qui veut dire le rôle du pape en tant que successeur de Pierre. À ce dernier, le Christ dit : « *Sur cette pierre, je bâtirai mon Église* » (Matthieu 16,18), ainsi que « *Affermis tes frères dans la foi* » (Luc 22, 32) et « *Sois le gardien de mon troupeau* » (Jean 21, 15).

hostile à un pape qui régenterait la vie des Églises locales jusque dans les moindres détails. Je suis également opposé à un pape qui userait de son autorité pour faire triompher « sa » théologie plutôt que de permettre à tous les courants légitimes de coexister au sein de la communion ecclésiale. Une papauté forte donc, mais non étouffante.

Pour consolider la position de Rome à l'heure de la mondialisation, je plaide tout d'abord pour un bon sens linguistique. Que le Vatican cesse de perdre son temps et son argent à traduire le latin officiel de ses documents en cinq langues « semi-officielles »[1]. Dans la Ville éternelle, les rencontres entre évêques ressemblent à Babel. Il faut arrêter ce gaspillage d'énergie et adopter au plus vite une langue véhiculaire unique.

L'histoire enseigne que celle-ci ne peut être que l'idiome mondial du moment. Quand deux prêtres de nationalité différente se croisaient à Rome vers 1950, ils se parlaient encore en latin. Aujourd'hui, ce temps est bien révolu et seuls les nostalgiques croient en son retour. Quant à moi, je pense qu'une Église qui ferait la promotion d'une langue morte en dirait long sur son état d'esprit. Que cela plaise à mes lecteurs de langue française ou non, les faits sont là : de nos jours, quand deux étrangers se rencontrent, ils parlent l'anglais. L'Église ne peut se permettre de bouder plus longtemps la seule langue véritablement universelle du moment. Les susceptibilités locales sont appelées à céder le pas devant l'efficacité au service de l'Évangile.

Comme le grec le fut durant les cinq premiers siècles de chrétienté et puis le latin en Occident, je plaide pour un usage

---

(1) Allemand, anglais, espagnol, français, italien.

de l'anglais comme langue officielle de l'Église. Pour les affaires et célébrations locales, chaque Église conserverait évidemment son idiome.

À ceux qui me reprocheront de vouloir inféoder l'Église catholique à la culture américaine, je réponds que c'est le contraire qui arrivera. En utilisant la langue de la grande puissance du moment, l'impact de l'Église sur l'Oncle Sam n'en serait que plus grand.

Je propose, en outre, un recentrage de la papauté sur ses compétences essentielles. Le successeur de Pierre veille avant tout à l'intégrité de la foi et des mœurs, ainsi qu'à présider à la communion des Églises.

Une curie romaine, n'ayant pas d'autres attributions que celles-là, aurait une plus grande autorité morale. Aujourd'hui, les services du Vatican sont trop perçus par certaines conférences épiscopales[1] comme une administration tatillonne. Un tel ressentiment est loin d'être toujours justifié, mais il y a certains agacements qu'on aurait tort d'ignorer.

Une série de tâches n'appartenant pas à proprement parler à la papauté seraient à mon avis plus adéquatement remplies à un niveau d'autorité moindre. À l'occasion d'une future réforme, on pourrait confier tout ce qui concerne la discipline d'Église (nomination d'évêques, discipline de droit canonique ordinaire, etc.) à un archevêque majeur – appelé « patriarche ». Il serait nommé par le pape à la tête de chaque continent et aurait pour conseil une assemblée formée des archevêques de ce même continent.

(1) Le regroupement de tous les évêques d'une nation.

Pour éviter les dérives centrifuges, le pape conserverait un pouvoir d'érogation lui permettant de traiter en direct certaines questions plus délicates, ainsi qu'un droit de veto pour toute décision patriarcale qu'il jugerait gravement contraire au bien de l'Église universelle. Enfin, il pourrait démettre tout patriarche abusant de sa position.

Je me contente de lancer des pistes, afin de contribuer à un débat déjà bien entamé à la demande même de Jean-Paul II, sur l'avenir de la papauté.

Même si elle est sommaire, ma réflexion va dans le sens de l'histoire. L'Église s'est centralisée en vue d'une plus grande indépendance et efficacité. Un tel processus a débuté au IXe siècle sous Charlemagne, s'est amplifié au XIe siècle avec la réforme grégorienne[1] et a culminé lors du concile Vatican I (1870). Ce faisant, le Vatican a précédé la lente formation et centralisation des États européens, se parachevant au XIXe siècle avec le système napoléonien et les élans patriotiques menant aux unifications allemandes ou italiennes.

Pour les États d'Europe, cette dynamique centralisatrice fut stoppée par le grand embrasement de 14-18. Deux guerres mondiales plus loin, la tendance s'est inversée. Aujourd'hui, les États d'Europe n'hésitent plus à octroyer une large autonomie aux régions[2], et ils ne s'en portent pas plus mal. C'est une évolution similaire que je suggère à l'Église catholique. Quittant un centralisme parfois « jacobin », elle mettra en application

(1) Du nom du pape Grégoire VII, 1020-1085.

(2) Allemagne, Belgique, Canada, Espagne, Italie, Royaume-Uni et même la France (ainsi le statut de la Corse).

jusque dans son mode de fonctionnement interne, le principe de subsidiarité qu'elle enseigne.

Je pense, en outre, qu'une telle dynamique serait bénéfique au rapprochement entre chrétiens. Le jour où la papauté ne sera plus perçue par nos frères séparés comme une institution typiquement romaine, mais bien comme un service de communion de toutes les Églises, la cause de l'unité chrétienne fera un bond en avant.

## *Le christianisme face à ses challengers*

Il a vécu, le credo de la paix d'Augsbourg (1555)[1] : *Cuius regio, huius religio* – à chaque région sa religion. Aujourd'hui, les religions traversent les frontières[2]. Elles voyagent sans passeports, ni visas. Dans le métro de Bruxelles, se croisent un Britannique hindou, une Pakistanaise chrétienne, un Hollandais bouddhiste, une Américaine juive et deux Argentins agnostiques. Celui qui les interroge, apprendra que leur conjoint et enfants ne partagent pas nécessairement les mêmes croyances. D'ailleurs, eux-mêmes métissent leur religion de plusieurs apports externes.

De surcroît, les grandes traditions spirituelles sont condamnées à la cohabitation avec une kyrielle de nouveaux mouvements. Dans ce vaste vivier des « fournisseurs de sens », le meilleur se mélange au pire ; le pire étant « la secte ».

Les régimes démocratiques doivent aménager une cohabitation pacifique entre la multitude des démarches croyantes.

(1) Traité de paix dans l'Empire germanique entre princes catholiques et protestants, qui mit fin aux guerres de religion.

(2) À l'exception de quelques îlots islamistes ou autres.

Ceci ne les dispense pas d'être vigilants face au phénomène sectaire.

J'utilise ici le concept de secte, non pas de façon neutre, comme le fit le sociologue des religions Max Weber (1864-1920) – soit « une communauté religieuse réclamant de la part de ses adhérants une ferveur sans faille » – mais bien dans son sens éthique de « perversion de la démarche religieuse, de par les certitudes totalitaires et exclusives qu'elle promeut ». Dans cette acceptation, la secte engendre un monde clos. Celui-ci masque la peur d'être confronté à la contradiction, sous une chape de certitudes hors desquelles tout n'est que pourriture diabolique.

Selon d'aucuns, « religion » viendrait du latin *religare* qui signifie « relier », tandis que secte dériverait de *secari* qui signifie « couper ». Là où un authentique acte de foi religieux – croyant, agnostique ou athée – offre à l'homme de se relier au réel par une grille de lecture du sens de cette réalité, le blocage sectaire est un enfer qui coupe l'adepte du jaillissement de la vie.

Si la secte séduit, malgré l'infantilisme de son message, c'est parce que notre monde compte bien des personnes apeurées par l'humaine condition : « Gourou, décharge-nous du fardeau de la responsabilité et dicte-moi la recette du bonheur ! », crient en chœur tous les gibiers de secte. Le carcan sectaire réussit parfois à stabiliser des personnalités déficientes[1], mais ceci se fait toujours au prix d'une abdication de leur statut d'adulte responsable.

(1) J'ai ainsi connu des alcooliques qui ont cessé de boire, grâce au soutien d'une secte.

Les sectes ne sont pas toutes violentes, mais elles portent en elles la division. Pour le sectaire, le monde est coupé en deux. Il y a d'une part le petit troupeau des sauvés – protégés par la bulle hermétique de la secte – et de l'autre, l'immense masse des damnés. Ces derniers sont tout simplement infréquentables, tout contact avec eux signifiant un risque de contamination et donc de perdition. Tant qu'elle reste socialement minoritaire, la secte se protège du monde en se réfugiant dans son cocon. Si par malheur elle devient majoritaire, elle étouffe toute contradiction sous le poids d'une terreur totalitaire[1].

Il s'agit d'encourager un certain contrôle étatique par rapport aux phénomènes sectaires, sans pour autant sombrer dans une nouvelle forme de chasse aux sorcières au nom de l'idéologie laïque. Mission délicate, mais non impossible. L'État ne peut se désintéresser du phénomène religieux. Il est bon qu'il se dote d'un observatoire – neutre, mais vigilant – des spiritualités en tout genre. Ceci permet d'informer adéquatement la magistrature quand une instruction criminelle est ouverte à l'encontre d'une communauté spirituelle pour violation des principes fondateurs de la société.

Personne n'est à l'abri de la dérive sectaire, que ce soit l'humaniste athée, le franc-maçon agnostique, le prêtre catholique, le moine bouddhiste, ou le fidèle musulman. Il s'agit donc d'être vigilant, sans pour autant tomber dans un *a priori*, tout aussi sectaire : « Moi, je suis au-dessus de tout soupçon. La secte, c'est les autres et de préférence, ceux qui ne croient pas comme moi ! »

---

(1) L'Inquisition fut une dérive sectaire du catholicisme et reconnue comme telle par l'Église elle-même. Cf. *L'Église de Judas, op. cit.*, pp. 75-76.

Aux côtés du liseron sectaire, poussent dans le jardin des religions quelques fort belles fleurs. Comment le christianisme doit-il évoluer dans un univers social où son monopole de fait est remplacé par la concurrence parfaite[1] ? La tentation du syncrétisme est forte. Elle consiste à panacher les religions mondiales dans un grand *melting-pot.*

À mon sens, il s'agit là d'une impasse qui nivelle toute mystique au niveau du plus petit commun dénominateur. L'initiative contraire est bien plus salutaire. En encourageant tout homme à poursuivre une quête de sens dans la famille religieuse de son choix, on lui donne de rejoindre les autres démarches croyantes, agnostiques, ou athées sur la seule longueur d'onde qui leur permette de dialoguer en vérité : celle de l'authentique spiritualité.

Les démarches religieuses sont autant de mélodies. Vouloir les jouer toutes ensemble crée la cacophonie. Donner aux humains le goût de devenir des virtuoses de leur partition permet les symphonies. Une entreprise totalisante, qui rabaisserait la transcendance à l'horizon mental de la majorité, réaliserait l'unification des religions au prix d'une mort de la spiritualité, remplacée par un « système » consensuel de croyances.

L'unité des démarches spirituelles n'est pas de ce monde. Elle est un Infini que d'aucuns appellent Dieu et d'autres « le Sens ». Personne n'a le droit de mettre le grappin sur un tel Horizon. Ce serait la pire des idolâtries.

Bien compris, un rapport constructif entre toutes les démarches spirituelles qui cohabitent sur terre, est une relation

(1) Voir l'introduction.

*win-win*. Celui qui prend au sérieux la religion de ses racines ou de son choix vivra la découverte d'une spiritualité autre comme un enrichissement. Je pense que la fréquentation du judaïsme, du bouddhisme ou de l'islam rend un chrétien plus fidèle à son baptême. Ayant eu la chance d'achever, entre 16 et 18 ans, ma scolarité dans un United World College[1], je puis témoigner de son efficacité. Avec la rencontre de l'autre, l'adolescent que j'étais a reçu le goût de creuser ses propres racines.

*Les traditions monothéistes*

Confrontons le christianisme aux deux autres grandes traditions monothéistes : le judaïsme et l'islam. Ces trois religions ont en commun d'adorer un Dieu unique et transcendant. Les chrétiens se tournent vers la transcendance du « Tout-Autre » quand ils prient le « Père ».

La rencontre avec le judaïsme et l'islam vaccine le christianisme contre la tentation de l'idolâtrie. Le chrétien croit que Dieu s'est fait homme. Ceci ne l'autorise pas pour autant à emprisonner sa représentation de Dieu dans les limites de l'entendement humain. Les images anthropomorphiques de Dieu sont sympathiques, mais dangereuses. Le « Bon Dieu » tout de blanc barbu, est une image du Très-Haut dangereusement… bondieusarde.

Le risque existe que l'imaginaire chrétien rabaisse Dieu à la mesure de ses convenances : un Dieu « *guérillero* de gauche » pour les uns, un autre « notable de droite » pour les autres, un Dieu

(1) Les United World Colleges sont des écoles ayant pour objectif de faire cohabiter, deux années durant, des jeunes de toutes races et religions, afin qu'ils s'enrichissent de leurs différences tout en se mettant au service de la communauté locale.

« qui console » pour les tendres, un Dieu « qui venge » pour les révoltés. Ainsi étaient les idoles païennes. Il y en avait pour tous les goûts. Chacun trouvait son compte en s'inventant un dieu à son image, mais aucune croissance spirituelle n'était envisageable.

La grande intuition du monothéisme est de dompter notre imaginaire. Sans imagination, il n'y a pas de religion[1] car l'imaginaire est vecteur de spiritualité. Ceci ne lui donne pas pour autant le droit de modeler le contenu du message religieux au gré de ses fantaisies. Les grandes traditions monothéistes sont basées sur l'expérience d'une révélation. Le « Tout-Autre » a parlé dans la langue des hommes, afin de se faire connaître. Le Dieu transcendant ne se rencontre que dans une attitude d'accueil spirituel, ou encore – formule fort peu en vogue aujourd'hui – de soumission religieuse[2]. Dieu n'est pas mon « pote », mais le Tout-Autre dont les anges proclament : « *Saint, saint, saint ! Sa gloire emplit la terre*[3]. »

Pareille soumission religieuse n'enlève rien à la liberté humaine, car seul un homme libre peut se mettre à genoux devant Dieu. Un esclave, lui, rampe. Les traditions monothéistes n'ont que faire de rampants serviles ; elles invitent les cœurs ardents à l'adoration.

Une certaine forme d'agnosticisme n'est pas si éloignée que ça de l'intuition monothéiste. En effet, l'agnostique rappelle au croyant que ce Dieu qu'il prétend bien connaître, n'est pas évident. En cela, il n'a pas tort. L'homme ne peut « connaître » de

(1) Voir le chapitre 2.

(2) Appelée dans la Bible « crainte de Dieu ».

(3) Isaïe 6, 3.

Dieu que ce que Dieu lui a donné de reconnaître. Saint Thomas d'Aquin (1225-1274) rappelait que tout ce que l'homme ignorait de Dieu dépassait incommensurablement le peu qu'il en percevait. Dieu ne se laisse pas enfermer dans les prévisions et les calculs. Il est toujours plus loin que là où l'homme le cherche et plus près que là où il le trouve.

Les relations avec le *judaïsme* sont teintées d'une rivalité toute « fraternelle ». La Bible raconte qu'Esaü se fit voler son droit d'aînesse par son cadet Jacob[1]. De manière identique, les chrétiens sont pour les juifs de drôles de « coucous » qui pondent leurs œufs dans le nid d'un autre. Reprenant à leur compte l'alliance avec Abraham, ils se proclament le nouveau peuple de l'alliance.

En l'an 70, le temple de Jérusalem est détruit par les légions romaines. Pour sauver la foi d'Israël, les Pharisiens redéfinissent à Jamnia les règles de l'orthodoxie judaïque. Jusque-là tolérés, les juifs devenus chrétiens sont exclus des synagogues. La rupture est consommée entre le judaïsme et les disciples du Christ, qui font de plus en plus d'adeptes parmi les non-juifs. Parvenus au pouvoir trois siècles plus tard, les chrétiens ne se sont pas privés de rendre aux juifs la monnaie de leur pièce. Oscillant entre antijudaïsme latent et irruptions meurtrières, l'histoire chrétienne n'a pas épargné les enfants d'Abraham[2].

Les choses ont changé depuis le concile Vatican II et son décret *Nostra Aetate,* qui enseigne que l'on ne peut plus parler des juifs comme d'un peuple « déicide ». Jean-Paul II a été

(1) Genèse 25, 29-34.

(2) Cf. *L'Église de Judas, op. cit.*, pp. 112 et suiv.

plus loin encore, en déclarant[1] que la venue du Christ n'avait pas rendu caduque la première alliance entre Dieu et le peuple juif.

Un climat nouveau de respect mutuel s'est depuis installé et les chrétiens en bénéficient. En effet, la religion juive rappelle au christianisme ses racines : sans l'histoire juive, il n'y aurait pas de christianisme. Jésus de Nazareth n'était pas chrétien… mais juif. Le judaïsme prémunit le christianisme contre la tentation de la gnose[2], qui est une religiosité remplaçant l'histoire du salut par une vision éthérée de la condition humaine. Ce n'est pas par hasard que le christianisme faillit être englouti par l'univers gnostique dès la fin du Ier siècle, date de son déracinement du terreau judaïque.

Si dans son rapport au christianisme, le judaïsme tient le rôle de l'aîné spolié par son cadet, l'*islam* joue les redoutables rivaux. Contrairement au judaïsme, la religion prêchée par Mahomet (571 ?-632) partage avec le christianisme une prétention à l'universalité dont découle un même élan missionnaire.

Au formidable *djihad* musulman qui fut stoppé devant Poitiers en 732, répondirent la *Reconquista* espagnole et les croisades. Aujourd'hui, les frères ennemis ont réappris à se parler et à s'apprécier. Leurs deux traditions religieuses les y invitent. Chrétiens et musulmans adorent un même Dieu, même s'ils le font par des voies différentes.

---

(1) En 1980 à Mayence.

(2) Ou supraconnaissance : la gnose prétend détenir un savoir intemporel et ainsi offrir à ses initiés une connaissance supérieure du réel. Alors que le croyant « sait qu'il croit », le gnostique « croit qu'il sait ». Cf. *L'Église de Judas, op. cit.*, pp. 74 et suiv.

Reste le phénomène du fondamentalisme islamiste. Certains voient en lui le futur déclencheur d'un embrasement planétaire, Orient contre Occident. Je ne partage pas leur analyse. Le fondamentalisme est tout d'abord un phénomène de résistance politique face à la colonisation occidentale du monde arabe – pétrole oblige – suite à l'éclatement de l'Empire ottoman après la première guerre mondiale. Le soutien presque inconditionnel du gouvernement américain à l'État d'Israël n'a rien arrangé. Un tel conflit peut se résoudre diplomatiquement… si les hommes le choisissent.

Le fondamentalisme est également une crispation de l'islam confronté à la modernité. Il y a plus d'un siècle, le catholicisme s'était raidi de façon identique quand des savants commencèrent à passer les saintes écritures au crible de la critique historique. Aujourd'hui, l'Église en sort fortifiée. Pour l'islam, la question est plus délicate encore. Bien davantage qu'un témoignage inspiré – comme l'est la Bible pour le chrétien – le Coran est aux yeux du musulman « la » Parole qui vient en direct de Dieu. Décortiquer ce texte avec un regard profane est perçu comme un blasphème. D'où les crispations et le retour – par mécanisme de défense – à un islam archaïque.

Pourtant, rien n'arrête la modernité. À la longue, les fils du prophète ne pourront se soustraire à l'étude historico-critique de leurs textes fondateurs. Déjà aujourd'hui se lèvent des figures de proue d'un islam critique[1]. Il commence à se répandre auprès des musulmans d'Occident, qui en deviendront les meilleurs avocats dans le monde. Quelques lettrés chrétiens disqualifient

(1) Je cite pour exemple l'Égyptien Ali Abderraziq (1888-1966) qui fut « dégradé » pour avoir tenu un plaidoyer pour la sécularisation de l'islam.

cet élan, en le taxant d'islam « christianisé ». En admettant même qu'ils aient raison, qui s'en plaindra ?

Certains me trouveront excessivement optimiste quant à l'avenir de l'islam, voire naïf. Je leur rappelle ces discours qui prédisaient, il y a quelques années encore, une domination soviétique millénaire. Puis il y eut, en l'espace de quelques semaines, l'effondrement du mur de Berlin.

La force de l'islam se trouve dans la simplicité de ses dogmes, de sa morale et de sa pratique. Les disciples du prophète n'ont pas tort de se présenter comme les adeptes de la religion « naturelle » de l'humanité. Elle est, de fait, une démarche religieuse pleine de bon sens. Dieu y tient la place symbolique du Père, à la fois exigeant, juste et miséricordieux.

Le christianisme est, quant à lui, une folie[1] ; celle d'un Dieu qui accepte de se solidariser avec notre monde de fous, au point de se faire homme et de finir cloué au gibet. Les chrétiens ne peuvent troquer pareille folie contre le bon sens musulman, mais la simplicité de l'islam doit être pour eux un aiguillon qui les presse à parler un langage concret et à tenir aux hommes un discours d'homme... et non pas d'ange.

Qu'est-ce que le christianisme peut apporter aux grandes traditions monothéistes ? Il invite le judaïsme et l'islam à corriger une vision symbolique de Dieu, trop exclusivement paternelle, voire paternaliste. Un Dieu qui trône là-haut, qui juge le monde et l'histoire, qui tient le destin des hommes dans la paume de sa main... Ce Dieu-là a quelque chose d'écrasant pour la liberté humaine. De plus, il est *in fine* responsable de

(1) Cf. Première lettre de saint Paul aux Corinthiens 1, 18-27.

tout ce qui arrive à l'homme, mêmes les catastrophes les plus absurdes : « *Inch'Allah,* Dieu le veult ! »

Pareille image hiératique de Dieu a été rejetée par l'humanisme laïc. Ce dernier fut influencé par l'aventure chrétienne, qui représente le divin sous les traits d'un supplicié nu et ensanglanté, criant sa détresse sur une croix. La rencontre spirituelle avec Jésus de Nazareth casse l'image d'un Dieu impassible.

### *L'humanisme laïc*

Cela fait trois siècles que le christianisme est confronté à l'humanisme laïc. On parle d'« humanisme », car son axiome de départ est la dignité de l'homme. Là se situe également son talon d'Achille. En effet, un axiome ne vaut que dans la mesure où il est reçu. Le fascisme et le communisme réfuteront l'humanisme comme idéologie bourgeoise et remplaceront celui-ci par des collectivismes meurtriers. L'humanisme occidental se dit « laïc », par refus de toute ingérence religieuse dans les affaires de la cité. Selon lui, la religion relève de la vie privée et ne peut interférer dans l'espace public. Héritier des Lumières, l'humanisme laïc fut le moteur de la sécularisation en Occident.

Les deux dogmes de l'humanisme laïc sont l'autonomie de l'individu et le libre examen des idées. « L'autonomie de l'individu » prône la primauté du sujet et de ses choix sur tout discours moral, restant sauf le respect par tous du contrat social qui fonde la vie en société. « Le libre examen » enjoint à notre intelligence de ne jamais abdiquer devant des principes métaphysiques non vérifiés.

L'humanisme laïc s'est construit en Europe en réaction à l'emprise du christianisme sur la société. Pourtant, il en est à bien des égards le rejeton. Fils rebelle et répudié, certes, mais – que cela lui plaise ou non – fils quand même. En effet, si le christianisme est un monothéisme de par la figure transcendante du « Père » en son sein, il est également un humanisme de par sa foi en l'incarnation du Fils. En Jésus, Dieu prend visage humain et se fait le frère de tout homme. De la sorte, toute personne est déclarée digne de Dieu et donc inviolable. « *Dans la mesure où vous l'avez fait à l'un de ses petits de mes frères, c'est à moi que vous l'avez fait*[1]. »

Le monde païen est un monde de castes – pensons à l'Inde – parce que la cohésion sociale d'un groupe exige une stricte répartition des tâches. Cette priorité l'emporte sur le respect des individus. L'incarnation de Dieu met à mal une telle logique « *car vous êtes tous fils de Dieu, par la foi dans le Christ Jésus* [...] *Il n'y a ni Juif, ni Grec, il n'y a ni esclave ni homme libre* »[2].

Les conséquences politiques de l'humanisme chrétien ne sont apparues que graduellement. Quand le christianisme devint religion d'État dans l'Empire romain (380), une humanisation de la vie sociale s'ensuivit, mais l'esclavage ne fut pas aboli pour la cause. La religion avait changé, non les mentalités. Le christianisme prit la place du culte impérial. La croyance du chef était tout naturellement celle de son peuple. La liberté religieuse fit même un bond en arrière, car là où la Rome païenne n'exigeait qu'un culte politique de l'empereur, le christianisme s'imposa comme ciment de la société[3]. Avec la

(1) Matthieu 25, 40.

(2) Lettre de saint Paul aux Galates 3, 26-28.

(3) Laissant toutefois une place – relativement bienveillante jusqu'au XIIe siècle – au judaïsme et tolérant jusqu'au XIVe siècle des pratiques semi-païennes dans les campagnes.

féodalité, l'Église devint de la sorte un rouage essentiel dans le système du servage.

Cependant, lentement mais sûrement, l'humanisme chrétien émergea. Des siècles de culte à l'Homme-Dieu, conjugués à une amélioration générale du niveau de vie, finirent par façonner la mentalité de l'homme occidental moderne. L'attention portée à la personne individuelle commença à supplanter les impératifs de survie de la société.

Au XIe siècle, le bénédictin Abélard (1079-1142) mit au point une méthode théologique, approfondissant la foi à l'aide de la raison. Un siècle plus tard, le franciscain Roger Bacon (env. 1212-1292) inaugura la méthode expérimentale. Ce furent les pionniers du basculement qui s'opéra à partir du XIVe siècle, avec la naissance du sujet moderne. L'homme se perçut avant tout comme individualité et non plus comme simple rouage d'une collectivité.

À cette époque, Marsile de Padoue (1275-1342) – recteur de l'université de Paris prône la primauté de l'État comme réalité humaine, sur l'Église comme entité spirituelle. Le franciscain Guillaume d'Occam (1290-1350) déclare que les catégories universelles ne sont que mentales et que seules les réalités individuelles existent. Il fut le premier à utiliser le mot « droit » dans un sens subjectif. Jeanne d'Arc (1412-1431) périt sur le bûcher pour avoir davantage cru à ses voix intérieures qu'à la parole des évêques et théologiens qui la jugeaient. Enfin, apparut dans les villes une « dévotion moderne », spiritualité attentive à la subjectivité.

C'est dans une pareille atmosphère que discourront un siècle plus tard Erasme (1467-1536), prince de l'humanisme et

Luther (1483-1546), pape de l'individualisme chrétien. Entre la laïcité militante d'aujourd'hui et le christianisme, les liens de cousinage sont donc nombreux.

L'humanisme laïc peut enrichir le christianisme. À plus d'une reprise, ce dernier a trahi son idéal. Pensons à l'Inquisition[1], à la chasse aux sorcières[2] ou encore aux guerres de religion. Les inquisiteurs n'étaient pas des brutes épaisses, mais l'élite de la chrétienté transformée – avec les meilleures intentions du monde et pour le salut des âmes – en tortionnaires de Dieu. De par son regard critique, l'humanisme laïc peut donc servir de providentiel « chien berger » pour le christianisme.

L'image du chien berger est parlante. Le canidé ne fait pas partie du troupeau et les brebis le craignent. Pourtant, ses « coups de gueules » peuvent s'avérer salutaires. Bien des humanistes athées ou agnostiques ont annoncé le Dieu de Jésus-Christ avec plus de justesse que la majorité bien-pensante de leurs contemporains chrétiens. Pendant que la douce et catholique France priait en chœur « à bas Dreyfus ! », c'est un sans-Dieu qui osa le salutaire « J'accuse ! »[3]. Quant au rouge Jaurès (1859-1914), il paiera de sa vie son pacifisme et la défense, parfois maladroite mais toujours généreuse, des damnés de la terre.

La cohabitation entre le christianisme et l'humanisme laïc peut également s'avérer enrichissante pour le second. Parce qu'il est une religion qui a un projet clair sur l'homme, le christianisme fait réfléchir la laïcité sur ses objectifs. Défendre

---

(1) Cf. *L'Église de Judas, op. cit.*, pp. 80 et suiv.

(2) Cf. *L'Église de Judas, op. cit.*, pp. 110 et suiv.

(3) Émile Zola (1840-1902).

l'humain est un beau programme, mais si on ne veut pas en rester à des lieux communs, il s'agit de préciser le type d'homme que l'on veut protéger. La tolérance, le dialogue, la démocratie et l'ouverture créent les conditions d'un authentique humanisme, mais en vue de quel projet ?

Pour répondre, la laïcité militante se doit d'abandonner le mythe de sa neutralité idéologique qui lui fait tenir des discours, du genre : « nous ne défendons pas un type d'homme particulier, mais rendons chacun capable de découvrir librement en lui son projet de vie ». Prétendre qu'un discours n'a aucune idéologie sous-jacente est le chemin le plus sûr vers la tyrannie du politiquement correct. Insidieusement, celle-ci taxe d'intolérance tous ceux qui ne pensent pas comme elle. Il est, en effet, tentant d'exiger que les religions se confinent à la vie privée, pour mieux laisser son propre discours occuper tout l'espace public. Si je dis « oui » à une laïcité humaniste active et forte, je dis « non » aux ayatollahs de la tolérance, se croyant les seuls détenteurs autorisés d'un projet démocratique digne de ce nom.

### *Les spiritualités de l'immanence*

Après avoir abordé la relation entre le christianisme – religion du Père – et les autres monothéismes, puis étudié le rapport entre ce même christianisme – religion du Fils – et l'humanisme laïc, je voudrais évoquer la rencontre entre la foi chrétienne – religion de l'Esprit – et les grandes traditions orientales ou autres spiritualités de l'immanence, fort en vogue aujourd'hui.

Au cœur de l'expérience monothéiste, il y a l'accueil d'une révélation transcendante. Au centre de l'humanisme laïc, se trouve un projet altruiste. Les spiritualités immanentes partent, quant à elles, de l'intériorité : « À quoi cela sert-il de servir Dieu ou d'aider mon frère, si je n'habite pas ma propre existence et suis le jouet de mes passions ? » À la manière des stoïciens de l'Antiquité grecque, ces spiritualités n'ambitionnent ni d'apporter des réponses ultimes aux « pourquoi ? » de l'existence, ni de présenter un programme d'action pour rendre le monde meilleur. Elles se veulent des chemins de sagesse.

La plus célèbre des démarches spirituelles orientales, est la voie du bouddhisme. Né au VIe siècle avant l'ère chrétienne au sud de l'actuelle frontière entre l'Inde et le Népal, le jeune Gautama quitta son foyer, suite – pense-t-on – à un deuil cruel. Il devint ascète errant et, des années durant, chercha une solution au problème de la douleur et de la mort qui hantait son esprit. C'est ainsi qu'il parvint à l'état « d'éveil »[1], qui donne à une âme de ne plus vivre en esclave de passions illusoires, mais d'atteindre la sérénité que donne l'accueil du réel.

Le Bouddha et ses disciples prêchent qu'il s'agit d'accepter que – comme l'enseignait l'hindouisme ambiant – la vie est une roue qui tourne inexorablement. Le désir humain est ce qui nous enchaîne à cette roue, en nous rendant dépendants des passions et craintifs devant les coups du destin. Le chemin de l'éveil permet à l'âme de se détacher graduellement de la tyrannie du moi psychique, qui nous tiraille entre regrets des choses passées et espoir de biens futurs. Il s'agit de ne plus vivre que dans l'accueil serein et impassible du présent.

(1) *Buddha* signifie « celui qui est éveillé ».

Les écoles du bouddhisme sont nombreuses. Dans sa forme épurée d'ajouts populaires, la voie de l'éveil bouddhique ne connaît pas à proprement parler de théologie, puisque toute référence à une transcendance est absente. C'est l'âme du monde qui est divine, c'est-à-dire l'océan immuable du réel au cœur de toutes choses. Le bouddhisme ne connaît pas non plus de discours moral. Le bien et le mal sont des vues de l'esprit. Cependant, parce qu'il ne désire plus rien, l'éveillé est étranger à toute violence. Il contemple la misère des hommes avec une infinie compassion et porte la paix par le rayonnement de sa sérénité intérieure.

Si le christianisme est la plus vertigineuse des religions révélées que je connaisse, le bouddhisme est la plus profonde des spiritualités de l'intériorité que j'aie rencontrée. Notre ultramodernité, déçue par l'échec politique du marxisme, insatisfaite par la sécheresse spirituelle de l'humanisme laïc et rebutée par la morale culpabilisante des monothéismes, lui fait tout naturellement un bon accueil.

La nébuleuse du *New Age* se greffe sur pareil état d'esprit. Il s'agit d'une relecture occidentale des antiques sagesses d'Orient. Selon le *New Age*, l'ère des grandes religions monothéistes et patriarcales – l'ère du Poisson – vit ses dernières heures. L'humanité entre dans l'ère du Verseau, qui se caractérise par le triomphe d'une spiritualité unifiante.

Au Dieu-patriarche qui sépare par sa loi le bien du mal et le corps de l'esprit, est substitué le culte du principe vital fondateur, soit l'énergie cosmique. Celui qui est à l'écoute de cette force, retrouve l'unité intérieure dans une réconciliation des pôles contraires : le masculin et le féminin, le corps et l'esprit, le bien et le mal.

Les enfants du Verseau recherchent l'harmonie des énergies, la douceur des mots et la fluidité du mouvement. Médecine douce, alimentation harmonieuse, musiques du monde et économie intégrée, sont autant de projets légitimes en lien avec ce vaste mouvement spirituel. Ceci, jusqu'au délicieux « soyez zens, les vieux ! » que lance l'adolescent cool et rasta à ses parents un peu trop *speedés* à son goût.

Si la galaxie *New Age* est une constellation hétéroclite qui peut offrir à ses adeptes le meilleur, ajoutons qu'elle est aussi capable du pire[1]. Se lancer tête baissée dans toutes les expériences spirituelles au goût du jour est une fuite en avant qui peut briser des vies.

Les mises en garde sont nécessaires, mais ne doivent pas avoir le dernier mot. Les spiritualités de l'immanence – que ce soit le bouddhisme ou le meilleur du *New Age* – peuvent enrichir le christianisme. En insistant sur la recherche d'intériorité, elles invitent le chrétien à la spiritualité.

Quand il néglige l'écoute de l'Esprit qui parle au plus intime des cœurs, le christianisme devient un système. Il se réduit à une doctrine et des préceptes. Il est une religion rituelle à laquelle on adhère et que l'on pratique, sans qu'elle change la vie. Cela produit ces caricatures de chrétiens, mal dans leurs corps et dans leur âme. Ils sont bien gentils et très fiables, mais ne rayonnent pas.

Le christianisme peut s'inspirer des antiques sagesses d'Orient. En insistant sur l'intériorité et l'unification des sens,

---

(1) Le pire étant certaines formes d'ésotérisme et de spiritisme – tel le *channeling* – qui peut s'avérer dangereuse pour la santé mentale.

la sagesse d'Orient rappelle au chrétien qu'une spiritualité doit s'incarner dans tout l'être : l'Évangile cela se goûte, se digère, se danse et se caresse. Un bois mort casse. Un bois vivant plie, car la sève qui coule en lui le rend souple.

Dans son dialogue avec le bouddhisme, le christianisme pose également de bonnes questions. Il a une approche plus positive du « moi subjectif », siège du désir. Pour le disciple du Christ, l'*ego* d'une personne ne doit pas mourir, mais se convertir. Sa destinée n'est pas de se fondre dans un océan de sérénité, mais – à l'image de la Trinité – d'entrer dans une relation d'amour infini avec Dieu, son prochain et soi-même et ceci, en exerçant sa liberté.

Il y a aussi le rapport au mal. Là où le bouddhisme dépasse la souffrance par un détachement spirituel – ce qui peut conduire à une subtile fuite de la réalité – la passion du Christ nous renvoie la tragédie du mal en pleine figure. Sur la croix, Jésus ne prend aucun recul par rapport à sa passion. L'attitude zen n'est pas de mise. Le Crucifié crie sa souffrance, mais sans la moindre haine : « *Mon Dieu, mon Dieu, pourquoi m'as-tu abandonné*[1] *?* »

La foi chrétienne interroge également le *New Age*. En appelant son Dieu : « Père », le christianisme rappelle que – même si l'amour est le principe suprême de l'univers – les commandements de la morale n'en sont pas moins nécessaires pour rendre les hommes libres et responsables. Le rôle symbolique du père est, en effet, de rompre la fusion entre l'enfant et sa mère par le don de la loi. C'est ainsi que l'enfant s'ouvre sur le monde

(1) Matthieu 27, 46.

et prend sa destinée en main. Le culte de Gaïa – notre mère la terre – n'est pas sans risque de régression fusionnelle. Dans le monde du *New Age*, les mots « morale, mal et péché » n'ont pas bonne presse. Il leur est préféré les vocables plus *soft* d'éthique, ondes négatives, et comportements intrusifs. L'honnêteté intellectuelle invite à reconnaître qu'il s'agit là de synonymes honteux.

Le *New Age* prône de se fier à ce que l'on ressent, afin de s'épanouir en accord avec soi-même. Le christianisme lui répond que pour vivre heureux, il faut aussi laisser place à l'autre et discipliner sa volonté face aux contraintes de la vie. À juste titre, nos contemporains aspirent à l'harmonie spirituelle sans violence intérieure. Toutes les grandes spiritualités sont cependant là pour rappeler que ceci ne signifie pas : sans efforts, persévérance, abnégation et parfois au prix de souffrances. Si les branches de l'arbre sont souples et peuvent jouer avec le vent, c'est parce que, dans le secret du sol, des racines ont profondément creusé un chemin.

L'aventure spirituelle n'est pas une promenade de santé. Si nos contemporains – assoiffés de spiritualité, mais englués de consommation – comprennent cela, ils ont du mal à le vivre. Qu'ils demandent la force de l'Esprit ! Qu'ils habitent leur désert intérieur…

L'aventure spirituelle commence et s'achève par un voyage au désert. Et mon écrit se clôt là où il s'était ouvert.

# CONCLUSION

## « *Le Fils de l'homme quand il viendra, trouvera-t-il la foi sur la terre*[1] » ?

*À la fin de ce périple, nous voici arrivés à bon port… pour mieux repartir.*

*Le christianisme n'est pas fait pour le repos. Le chrétien est un voyageur qui navigue en compagnie du monde entier, tout en demeurant attentif aux appels du Vent et en ne quittant jamais l'horizon du regard.*

(1) Luc 18, 8.

« Sobre ivresse », « sommeil vigilant », « ténèbres lumineuses », le christianisme est la religion des paradoxes[1]. Un paradoxe est une contradiction apparente, qui ne se solutionne que quand on la contemple par le haut.

Ainsi, la foi chrétienne cherche-t-elle une Présence au cœur du désert (chapitre premier). La toute-puissance de son Dieu se manifeste dans la faiblesse (chapitre 2). Jésus de Nazareth s'y révèle pleinement Dieu en étant intégralement humain (chapitre 3). Le dogme dit une foi qu'il proclame indicible ; les sacrements sont des symboles aux effets réels (chapitre 4). Le christianisme n'est pas de ce monde et pourtant pleinement actuel (chapitre 5). La morale chrétienne exige tout, mais elle comprend tout et pardonne tout (chapitre 6). L'Église change au cours des siècles pour rester la même (chapitre 7).

Cet aspect paradoxal de la foi chrétienne explique que les esprits monolithiques ont du mal à y consentir. Ceux qui ne sont pas chrétiens y voient un sommet d'hypocrisie cléricale. Ceux qui sont membres de l'Église esquivent le paradoxe en ramenant tout à un « système » : celui-ci sera conservateur, progressiste, ou centriste selon les affinités. Peu importe, le résultat est le même. Avec eux, l'Évangile cesse d'être un aiguillon qui réveille pour devenir une doctrine qui rassure. Ce Christ porte-parole de l'autorité, militant de la révolution, ou sage petit bourgeois leur ressemble tellement. Ils ont donc tout bon et les autres tout faux !

La foi chrétienne n'est pas un confort intellectuel, mais un alphabet spirituel. Le christianisme est chemin de vie et non démonstration d'évidences. Loin d'être un certificat de bonne

(1) *Oxymoron* en grec.

vie et mœurs, notre baptême est une invitation à l'aventure spirituelle.

Ne soyons donc pas des témoins insipides : « *Vous êtes le sel de la terre, mais si le sel vient à s'affadir* [...] *il n'est plus bon à rien qu'à être jeté dehors et foulé aux pieds par les gens*[1]. » Et par-dessus tout, n'oublions pas : « Dieu n'est pas catholique, Dieu n'est pas protestant, Dieu n'est pas orthodoxe. Dieu n'est même pas chrétien. Dieu n'est pas juif. Dieu n'est pas musulman. Dieu n'est pas bouddhiste… Dieu est Dieu, le père de tous les hommes[2]. »

Si Dieu est le fondement de toute réalité, il n'est pas le Dieu d'un parti ou d'un Église. Les chrétiens n'en ont pas le monopole, mais ils ont la chance de lui connaître un visage humain, celui de Jésus de Nazareth. Cette grâce, ils n'ont pas à l'imposer mais se doivent d'en témoigner.

Le Fils de l'homme quand il viendra, trouvera-t-il la foi sur la terre ? Si pareille question fut jadis posée par le Nazaréen, il serait présomptueux de prétendre y répondre au terme de mon écrit. Nullement hostile à la religion, l'ultramodernité d'Occident n'en est que plus assassine. Elle dépouille le christianisme de sa pertinence sociale et le relègue au rang de folklore. Cette perte d'influence ne doit pas nous empêcher de dormir, de sourire et surtout d'aimer.

Soit l'Église n'est qu'une institution humaine parmi tant d'autres. Alors, qu'importe qu'elle se casse la figure ? Ceci est

(1) Matthieu 5, 13.

(2) Discours d'ouverture de Mgr Mussinghof, évêque d'Aix-la-Chapelle à l'occasion des Journées de prières pour la paix de septembre 2003.

dans l'ordre des choses humaines. Des empires millénaires s'écroulent, pourquoi l'Église ferait-elle exception ? C'est la loi de l'histoire. Freud disait : « Les foules n'ont jamais connu la soif de la vérité. Elles réclament des illusions auxquelles elles ne peuvent renoncer ». Si le père de la psychanalyse a raison, l'actuelle désaffection religieuse est même un excellent signe de santé mentale. Pour la première fois de son histoire, l'homme n'a plus besoin de s'inventer une béquille symbolique pour ne pas succomber à l'angoisse. En apprenant à vivre sereinement sans religion, il se réconcilie avec sa condition mortelle et assume de la sorte authentiquement son humanité.

En revanche, si l'Église – bien que pétrie d'humanité et donc complice de notre ambiguïté – est inspirée par celui que les hommes appellent Dieu… Alors, la question de sa survie nous dépasse. Avant d'être la nôtre, la survie du christianisme est avant tout l'affaire de Dieu.

Pareille réflexion n'est pas un appel à la démission, mais bien à la décrispation. De tout temps, il s'est trouvé des fidèles pour gémir : « Dans quelle époque vivons-nous ? Tout fout le camp ! » Ce genre d'incantation fait peut-être du bien, mais elle n'est guère mobilisatrice.

D'ailleurs, que connaissons-nous de l'Église de nos pères ? Fort peu, si ce n'est en fantasmes. Il est curieux d'observer que, si la plupart des agnostiques placent leurs rêves dans l'avenir (« Demain, la civilisation humaine aura vaincu l'obscurantisme et l'homme sera plus adulte dans sa tête »), la majorité des croyants situent l'âge d'or dans le passé (« L'Église des origines est nécessairement plus sainte que celle d'aujourd'hui et les premiers théologiens plus inspirés »). Les deux attitudes sont également vaines. Nous sommes les hommes d'une seule génération. Il est stérile d'essayer de se la représenter comme meilleure ou moins bonne que celles qui nous ont précédés ou qui adviendront.

Bref, que les chrétiens arrêtent de se lamenter face à leur époque et qu'ils cessent de se chercher des boucs émissaires pour expliquer les chaises vides dans les églises. Ici, il est fait appel à leur foi : si l'Église ne vient pas de Dieu, qu'elle crève ! Si, en revanche, elle vient de Dieu, ayons confiance. Pourquoi la puissance de l'Esprit serait-elle soudainement devenue inopérante avant que les temps ne s'accomplissent et que l'amour du Christ triomphe dans toute la création ?

« *L'Esprit et l'Église disent : Viens ! Que celui qui entend dise : Viens ! Et que l'homme assoiffé s'approche, que l'homme de désir reçoive l'eau de la vie, gratuitement.* [...] *Amen, viens Seigneur Jésus*[1] *!* »

*Louvain-la-Neuve, 15 août 2009*
*Solennité de l'Assomption*

(1) Apocalypse 22, 17.20.

# TABLE DES MATIÈRES

# DANS LA MÊME COLLECTION

La collection « Vie des hommes » est la pointe avancée des éditions Nouvelle Cité dans le domaine des questions de société. Elle aborde les sujets les plus divers.
Par ordre alphabétique de titres :

*Adoption (L'), réalité humaine et spirituelle,* Pierre-Yves CAMIADE

*À la rencontre des personnes de la rue, « Aux captifs, la libération »,* Jean-Guilhem XERRI et Pierre-Olivier BOITON

*Art de vivre sa fertilité (L'),* Josef RÖTZER

*Ces chrétiens qui dérangent, les recommençants,* Élisabeth CHENEVEZ

*Dynamique de l'intimité (La),* Yves BÉGIN (2e édition)

*Économie de communion, des entreprises osent le partage,* MOUVEMENT DES FOCOLARI, nouvelle édition 2008

*Entreprise au risque de l'Évangile (L'), témoignages et réflexions, Notre-Dame de Pentecôte, La Défense,* Jean-Paul LANNEGRACE et Patrick VINCIENNE

*Espérance insoumise (L'), les religions moteurs de la réconciliation sociale et politique,* Mouvement International de la Réconciliation (MIR) (branche française)

*Pour une économie de communion,* Collectif, 2e édition

*Pourquoi je ne crois pas à la faillite du christianisme,* Éric de Beukelaer

*Profession assistante sociale,* Écrits professionnels, volume 1, textes publiés de son vivant, Madeleine Delbrêl (Œuvres complètes, tome V)

*Risque éducatif (Le),* Luigi Giussani, nouvelle édition

*Séparés, divorcés, le chemin du pardon,* Paul Salaün

*Service social entre personne et société (Le),* Écrits professionnels, volume 2, textes inédits, Madeleine Delbrêl (Œuvres complètes, tome VI)

*Soigner, un défi pour aujourd'hui (un urgentiste témoigne),* Jean-Marc Beaufils

*Transmettre l'amour,* Paul Lemoine, nouvelle édition 2007

*Voulez-vous de nous ? (Quelle place dans la société pour les personnes en situation de handicap mental ?),* Julien Perfumo

Pour être tenu informé des publications des éditions Nouvelle Cité et recevoir notre catalogue, veuillez adresser vos coordonnées à :

Éditions Nouvelle Cité
Domaine d'Arny
91680 Bruyères-le-Châtel
France

ou à :

editions@nouvellecite.fr

NOM : .................................................

Prénom : .................................................

Adresse : .................................................

.................................................

Code postal : .................................................

Ville : .................................................

Pays : .................................................

Email : .................................................

Je souhaite être informé(e) des publications de la maison d'édition Nouvelle Cité.

www.nouvellecite.fr

Achevé d'imprimer en octobre 2009
sur les presses de la Nouvelle Imprimerie Laballery
58500 Clamecy
Dépôt légal : octobre 2009
Numéro d'impression : 910124

*Imprimé en France*

La Nouvelle Imprimerie Laballery est titulaire de la marque Imprim'Vert®